全国駅そば大百科

旅鉄BOOKS編集部 編

イカロス出版

目次

［凡例］

現金のみ 支払いは現金のみ

IC決済可能 交通系IC使用可能

※本誌掲載データは2025年1月現在のものです。
その後変更、メニュー終了、閉店になっている可能性があります。
※本誌掲載の価格は、消費税込みの価格です。
※原則的に、駅構内や関連施設にあるそば・うどんの店舗を取り上げていますが、
一部でラーメンやきしめんなども扱っています。
※掲載されている料理の写真はイメージです。
実際に提供される料理とは異なる場合があります。
※発行後、メニューの見直しや料金改定などがある可能性もあります。
公式ホームページなどで事前にご確認ください。

駅そばの発祥は

短時間で食事を済ませたいというニーズは、江戸時代からあったのだろうか。立ち食いそばの起源は、江戸時代の江戸の町にあったそばの屋台だという。「夜泣きそば」や「夜鷹そば」などと呼ばれた。

明治維新を経て鉄道敷設が全国各地で進むと、駅そばが誕生する。その発祥については定かではないが、ＪＲ軽井沢駅にあった店が第一号だったとする説が、現在では最もよく知られている。１８９３（明治26）年に軽井沢～横川間に鉄道が開通した際、碓氷峠越えの急勾配を走るのに、けん引用の機関車が必要だった。機関車の付け替え作業に伴いホームでの停車時間が長かったため、乗客が腹ごしらえとして駅そばを求めた――という話だ。これにちなみ、軽井沢駅構内のそば店の壁面に、「駅そば発祥の地」をアピールする掲示がある。

このほか、北海道が駅そばの発祥とする説もあり、明治20年代、函館本線の長万部駅、または森駅で始まったという。寒冷地で手軽に暖を取るため、温かいそばを必要としたのだろうか。実際、寒い冬場になると、駅そば店の売れ行きは上がるというから、これにも説得力がある。

列車の長時間停車が減り、冷暖房完備の車両の導入が進んだ現在は、〝乗り換え〟が駅そばの主戦場となる。ＪＲ我孫子駅ホームにある駅そばの有名店「弥生軒」にしても、常磐線・成田線の乗り換えの短時間で、そばを掻き込む利用者の姿が見られる。近年は相互直通運転が進み、駅そばの動向にも少なからず影響を与えているという。

駅そばインタビュー 1

25年以上にわたり1万杯以上の駅そばを食べ歩いた
駅そば研究家に訊く

駅そばめぐりこそ ご当地を知る第一歩に！

ひと口に「駅そば」といっても、そのイメージやスタンダード像は人それぞれ。地域ごとにつゆや具材の種類に違いがあり、作り手の個性も反映される。ここでは、日本で唯一の〝駅そば研究家〟として活動する鈴木弘毅さんに駅そばの種類・ローカル色から、オススメの味わい方などを聞いた。鈴木さんの駅そばとの出会いを交じえ、その奥深い魅力に迫る。

阪神・淡路大震災がきっかけで〝駅そば人生〟が始まった!?

小学校低学年のとき、父と潮干狩りに出かけて、途中で東京・秋葉原の立ち食いそば店に入店しました。その時に目の前で店員さんが天ぷらを揚げる様子を見て、わくわくしたのです。こんな楽しい店があるのかと。厨房が見える飲食店、そのときが初めてで。それが駅そば好きになる原体験でした。

その後、一人で釣りに行くようになり、途中で駅そば店に立ち寄るようになります。それが、西武池袋線の大泉学園駅にあった「狭山そば」（現在は閉店）で、駅そばとの本格的な出会いですね。お気に入りメニューは「スタミ

お話をうかがった人

駅そば研究家

鈴《すず》木《き》弘《ひろ》毅《き》さん

1973（昭和48）年、埼玉県生まれ。中央大学文学部卒業。駅そばを筆頭に、道の駅、日帰り温泉、スーパーなど、旅から派生するさまざまなB級要素を研究し、雑誌等に寄稿するライターとして活動。近著に『台湾“駅弁&駅麺”食べつくし紀行』（イカロス出版）。

鈴木さんの駅そば研究のフィールドは海外にも及ぶ。写真は、韓国・釜山駅「간사이우동（関西うどん）」の온모밀（かけそば）。韓国では、バンチャン（副菜）が付くことが多い。

ナそば」で、当時260円。小学生にとっての260円、結構デカかったなぁ。それでも罪悪感がない値段というのか……500～600円になると、当時の自分では高価でした。

——幼少時の体験が、現在まで続いているのですね。

そもそも駅そばの魅力の大前提は、「早い・安い・うまい」の三拍子が揃っていること。裕福な生まれではなかったので、手打ちそばの食べ歩きは、僕には馴染まない。手軽に食べられるものが、駅そばだったのです。

高校時代までは、用事のついでに駅そばに立ち寄る程度でしたが、大学に入ってからガラッと変わります。当時は、中央線の吉祥寺駅から豊田駅までの定期券を持っていて、その間にあるのが立川駅。これが駅そばのメッカみたいな駅でして……。

——おでんネタをのせた「おでんそば」で、いまも有名ですね。

その通り！　それで同じ中央線でも「駅ごとに全然違うじゃないか」と気づかされ、これは面白いなぁと。

その興味が全国に広がるきっかけになったのが、1995（平成7）年の阪神・淡路大震災。大学3年の冬、就活を控えていた時期でしたが、やる気が起きずに家でゴロゴロしていたときです。その中で震災が起き、ボランティアに行こうと思い立った。当時は知識がなく、「現地に行けば何とかなる」と、単身、神戸を目指したのです。結論を先に言えば、身一つで来られても困ると、参加できなかったわけですが。

その神戸までの移動の際に、大阪から神戸の間では高架線が倒れて進めず、それならばと京都から和田山、姫路を経由し、大回りルートで向かいました。そうなると姫路で乗り換えが発生し、何気なくホームにあった駅そば店に立ち寄るわけです。そして、「えきそば」を食べたのですよ。

——和風だしに中華麺という、異色

の組み合わせの駅そばですよね。

それで「なんじゃこりゃあ！」と衝撃を受けまして。これはもう日本全国食べて回らないとだめだなと思いました。本当に、偶然の出会いだったのです。

最初のころは車で移動し、駅を見つけてはわざわざ立ち寄り、場合によっては入場券を買い、改札内にある駅そばを探したものです。私にとって駅そばというのは、駅周りを含めた広いエリアが対象。駅構内だけでなく、駅に依存しているすべてのお店を見ています。そのくらい対象を広げなければ、サンプルが取れない地域も出てくるのです。

ホーム上での営業が消え 通路・コンコースがメインに

――近年は、女性が入りやすいおしゃれな〝ニュータイプ店〟も増えましたね。一方で、昔から続く伝統的な店舗もあります。

ここ20年くらいで、女性の姿は明らかに増えました。理由は明確で、男性だけでは経営が成り立たなくなったことにあります。女性にも食べてもらわないと、店が続かない。コンビニやファストフードが駅前にどんどん進出し、競争が激化しました。

一方、昔ながらの店は、メニューを全然変えず、場合によっては値段も変えずに、30年営業していることもあります。ニュータイプ店にしても、競争激化で変わらざるを得なかったのでしょう。それまでノータッチの、まったく新しい人が駅そばを始めるわけではなく、今まで運営してきた店舗の業態をガラッと変えるパターンが多い。どうやって店を存続させるべきか、考え抜いた末の結果だと思います。

――昔から続いていた店が、鉄道会社系列の大手に統合される流れもありますね。

１９８７（昭和62）年の国鉄の分割民営化のころからですね。特にＪＲで顕著に見られます。一方で、近年は逆のパターンもあって、〝鉄道系離れ〟も進んでいます。たとえば、阪急電鉄系の「阪急そば」は店名が変わり、「若菜そば」になりました。まったくの別会社に事業が譲渡されたのです。信州エリア、たとえば松本駅では、もともとＪＲ系だった店が、そば専門店直営の「信州榑木川《くれきがわ》」に切り替わりました。

――近年は「生そば」を提供する店も増えました。一方、昔からの店は「茹でそば」ですね。

生そばが出てきたのは、30年くらい前。増えてきたのが、ここ15年くらいでしょうか。生そばと茹でそばの違いは、実は結構微妙で、いわば生そばを茹でれば、茹でそばになります（笑）。生そばは、茹でたてで出さないと、あまり意味がないと思います。

地方では、「冷凍そば」も増えています。生そばや茹でそばが日持ちしないのに対し、冷凍そばは冷凍庫に保存しておけば、半永久的は言い過ぎでも、かなり日持ちがする。食材ロスが出ないのがメリットですが、その代わり、大きな冷凍庫が必要になる。ホームの小型店では扱いにくい。

――ホームで営業している店舗が、めっきり少なくなりましたね。

北陸方面では、ほとんど姿を消してしまいました。新潟、直江津、富山に、金沢や福井も。以前はあったのに、すべてなくなっています。

実際、ホームでの営業は集客効率が悪い。たとえば広島駅では、以前はホームに駅そばが計3、4店舗ありました。それが現在は、改札内の跨線橋上の1店舗に集約された。ホームでの営業は、そのホームの乗客しか利用しない。「向こうのホームに駅そばがある」と思っても、わざわざ行かない。それならば、通行量が多い跨線橋の上が集客効率がよい、そんな判断があるのでしょう。

また、特急列車などでの長距離移動では、昔は10分くらいの長時間停車が多かった。それがいまはなくなり、停車中に駅そばを食べて、また列車に戻るということができなくなってしまった。

――海外に駅そばはあるのでしょうか？

島式ホーム上で、吹きさらし型の店舗で麺類を提供するケースは、日本以外にはほぼ見られません。待合室など改札の外にあるケースがほとんど。台湾は、戦前の日本統治の影響で、戦後しばらくは日本式の駅そばが結構ありましたが、現在は全部なくなりました。

――新型コロナウイルスの影響で、苦境にあえぐ店も多いようです。

先入観だけで衛生面を心配している人が多いのではないでしょうか。駅そばは、厨房内が丸見えなので、自分が食べるものの調理風景が確認できる。厨房の奥まで見えない一般的な飲食店より、安全だと思っています。

つゆとネギに東西差
メニューの呼び名にローカル色も

――「東の濃口・西の薄口」のように、駅そばにもローカル色がありますよね？

つゆの濃口・薄口については、一般的には関ケ原で分かれるといわれています。ただし、東海道本線の関ケ原駅周辺に駅そばがないので、断言できない部分もあります。

関ケ原からやや東寄りの大垣駅、いまは駅そばが完全になくなっていますが、その閉店した店が関東風でした。一方、関ケ原より西寄りの米原駅は、関西風なのです。さらに厳密に見てみると、米原のひとつ東隣の醒ケ井《さめがい》駅、ここは駅から少し離れた店ですが、関西風という印象でした。したがって、東西の境界は大垣～醒ケ井間なので、やはり関ケ原と考えるのが妥当かなと。

――つゆのような東西差、ほかにありますか？

薬味で使われるネギが、「東の白ネギ・西の青ネギ」に分かれます。東海道本線で見ると、ネギの境界は関ケ原ではなく、だいぶ東に寄って静岡県の熱海～三島間です。したがって静岡駅などでは、つゆは関東風で、ネギは関西風。
北陸方面では、つゆの境界は富山あたり。「あたり」としかいえないのは、富山駅に2つ店舗があり、片方が関東風で、もう片方が関西風だったから。ネギについては、おおむね石川・福井の県境あたりなので、つゆの境界よりもかなり西寄りになる。だから金沢あたりだと、つゆは関西風で、ネギは関東風。
こうした境界について理由を探ろうとして店に聞いてみても、「これが普通だよ」としか返ってこない。昔からそうだと。

――いわゆる〝のせもの〟についてはどうでしょう？

地域による違いが顕著です。たとえば「天ぷら」といえば、関東では「かき揚げ」、関西では具材が入ってない「乾燥天ぷら」を指しますが、四国になると「じゃこ天」になる。最近は旅行者でもわかるように、メニュー表示で「じゃこ天」としているところも多いようです。さらに九州では、「丸天」になる。さつま揚げみたいに魚のすり身を揚げたもので、形が円いものです。
呼び名については、注意が必要です。「たぬきそば」といえば、全国的には揚げ玉（天かす）をのせたそばを指します。しかし関西では事情が異なり、油揚げをのせたそば、つまり「きつねそば」になってしまうのです。
関西では、「たぬき」「きつね」ともトッピングが同じ油揚げなのに、「たぬき」はそばで、「きつね」はうどんと決まっています。だから、関西の店で「たぬきうどんください」と注文すると、店員は「？」になってしまう（笑）。

――関西に「ハイカラうどん」というメニューもありますね？

天かすをのせたものですね。関西では「たぬき」も「きつね」も油揚げなので、じゃあ天かすはどう呼ぶのかとなって、ハイカラにしたのでしょうか。
関西ローカルなので、東京でハイカラといっても、以前は通じなかった。東京在住者が大阪に行ってハイカラそば

醤油の深い色合いが特徴的な関東のそばつゆ（右）と、透明度の高い関西のそばつゆ（左）。色合いの違いは、一目瞭然だ。

堺筋本町駅「かわ」のハイカラ月見そば。
トッピングは、天かすと生玉子。

我孫子駅「弥生軒」のたぬきそば（＋生玉子）。
天かすは青海苔入りで香ばしい。

東京駅「越後そば」のたぬきそば。注文を受けてからわざわざ天かすを作る。

を見つけ、面白そうだなぁと思って注文すると、普通のたぬきそばでガッカリ……そんな話があったものです。いまは、京風うどんで全国展開する外食チェーン「なか卯」で「はいからうどん」を扱っていて、関東でも浸透してきました。インターネットの普及も大きいでしょう、カルチャーショックを受ける機会がなくなってきていますね。

――そばとうどんを扱う店で、売れ行きの比率にローカル差はありますか？

店にもよりますが、関東では8割がそばで、うどん2割が相場。関西だとうどんが強いイメージですが、実際に取材すると、半々という店が多い。関西では、うどん専門店が東京よりも多いので、うどんを食べたければ専門店に行くのでしょう。駅そばでうどんが圧倒的に強いのは、中国・四国・九州です。

基本的に、近畿以西ではつゆをうどん向きに作っている。ただし、そばと合わせてもうまい。一般的な駅そばの麺は、そば粉3割、小麦粉7割くらいなので、実はややうどんに近い。だから、本格的な二八そば（小麦粉2割、そば粉8割）だと、関西のつゆではあまりなじまない。

揚げ物や肉の旨みをだしに 最高のそばつゆを味わいたい

駅そばをおいしく食べる秘訣は、「つゆをいかに味わうか」に尽きると思います。生そばを使う店でも、麺だけで「うひゃぁ、これはうまい」というのは多くない。その点、つゆは全体の味をダイレクトに左右します。店のオーナーの多くも、味の決め手はつゆにあると証言しています。

基本的に、油とそばつゆの相性は抜群です。トッピングや七味を使いながら、揚げ物と組み合わせてつゆを味わうのがオススメです。

——「かき揚げそば」をオススメにする店がかなり多いですね。

油モノの代表格としてかき揚げが選ばれ、えび天などよりもボリューミーで値段が安いということでしょうか。私のオススメは断然、「たぬきそば」です。かき揚げだと、店にもよりますが、油が強すぎて、麺やつゆの味がわかりづらくなる。その点、たぬきは油が少なめ。それに、たぬきを食べると、天ぷらがどんな感じなのかだいたいわかる。ただ困ったことに、全国的にはたぬきそばを扱っている店が少ない。どこでも置いているのは、関東、近畿くらい。

そのほか、肉系の旨みを加えるのもグッド。つゆに肉の旨みが混ざると、味に厚みが生まれます。肉そばや、北海道や九州名物の「かしわそば」とか。豚、鳥、牛、馬、何でもいいです。近年はジビエをウリにした鹿肉を扱う店もあります。「鴨そば」も最適かもしれません。

——サイドメニューが魅力的な店も多いですね。

関東だと、いなり寿司やおにぎりが中心ですが、関西ではもっと充実しています。ちらし寿司とか巻き寿司、さらにバッテラを扱う店も。旅行などで関西を訪れたら、ごはんとのセットを頼むのもよいでしょう。

駅弁屋が駅そばの経営を行うところも多く、そのご当地駅弁を小分けにしたメニューも少なくありません。駅弁を買えば1000円以上しても、駅そばのサイドメニューではそれより低価格。試食感覚で試すことができます。

——店の雰囲気も大事ですね。

カウンターを隔ててお客が従業員と対面しているので、会話がしやすい。私は一人旅なので、旅先で話し相手がほしい（笑）。「次の電車で移動します」と話をしていたら、売店を兼ねている店だと、売り物の雑誌を手にして「これ持っていきな」となることもありました。話し相手はおばちゃんが多く、方言丸出しで、それだけでも旅情感が得られます。

駅そば研究家・鈴木弘毅さんが選ぶ

タイプ別 全国のオススメ駅そば5選

インパクト抜群の個性派から、斬新サービスを開始したニュータイプまで、全国各地でさまざまなメニューが見られるのが駅そばの醍醐味だ。駅そば研究科・鈴木弘毅さんが、タイプ別に厳選したオススメ駅そばを紹介する。

個性派 駅そば5選

大ボリュームのメガ盛りトッピングや、地元の名物食材を詰め込んだご当地メニューなど、ここだけでしか味わえない名物駅そばをぜひ！

JR我孫子駅のホームにある「弥生軒」の「唐揚げ（２個入り）そば」。唐揚げを大きくしたら評判になり、ド迫力のデカ盛りになったという。

駅名	店名	メニュー名	
JR 常磐線ほか 我孫子駅	弥生軒	唐揚げ（2個入り）そば	特大サイズの鶏の唐揚げで、全国に名を馳せる。衣はサクサク、肉はジューシーで、そばとの相性も抜群。
JR 福塩線 備後矢野駅	備後矢野駅食堂	福縁阡《ふくえんせん》そば	彩りも華やかな三色の餅をトッピング。555円という価格には、「ご縁がたくさん」の意味が込められている。
JR 山陽本線 下関駅	味一	ふく天そば	下関港で水揚げされたフグをまるごと使った天ぷら。上品で飽きがこない味に、心を奪われる。
西日本鉄道 西鉄福岡（天神）駅	博多やりうどん	博多やりうどん	槍に見立てた長さ30cmのゴボウ天と、盃に見立てた丸天。九州ならではの具材のトッピングを２つ同時に楽しめる。
JR 鹿児島本線ほか 熊本駅	まるうまうどん	火の国そば	熊本名物の馬肉、からし蓮根、日奈久ちくわの三つ巴。和辛子の鼻に抜ける辛みが、意外とだしにマッチする。

JR仙台駅の中央改札口付近にある「立ちそば処杜」の「上かき揚げそば」。揚げたてのかき揚げはエビのパリパリ感と香ばしさが際立つ。

JR名古屋駅の在来線ホームにある「きしめん住よし」の「名古屋コーチンそば」。名古屋の名物グルメを、乗り換えなどのわずかな時間を利用して手軽に味わおう。

便利な駅そば5選

待ち合わせや乗り継ぎなどのちょっとしたスキマ時間に、地元ならではのメニューを気軽に味わいたい――鉄道旅行などで便利な駅そばを押さえておこう。

駅名	店名	メニュー名	
JR 東北本線ほか仙台駅	立ちそば処 杜	上かき揚げそば	在来線の改札内・改札外のいずれからでも利用できる。かき揚げは2種類あり、上かき揚げは大振りの有頭エビ入り。
JR 山手線ほか 品川駅	常盤軒	人気の３種盛りそば	JR山手線ホームにあり、列車を1本見送ってでも食べたくなる。人気の3種盛りそばは、きつね、たぬき、生卵をトッピング。
JR 中央本線ほか塩尻駅	桔梗	信州鹿肉そば	乗り換え利用が多い駅だけに、日本一狭い駅そばと評される改札内のミニ店舗が重宝する。鹿肉を使った珍しいメニューにも注目だ。
JR 東海道本線ほか名古屋駅	きしめん住よし	名古屋コーチンそば	全国的に減少傾向の駅そばが、名古屋駅には多数残る。旨みたっぷりの名古屋コーチンのトッピングで、ご当地感も！
JR 山陽本線ほか姫路駅	えきそば	とり天えきそば	中華麺を使った摩訶不思議な一杯は、姫路のソウルフード。在来線の上下ホームにそれぞれ店舗があり、サッと食べられる。

JR静岡駅のホームにある「富士見そば」の「チーズそば」。いまでは数少ないホームの立ち食いそば店が、ノスタルジーをかき立てる。

伝統あふれる駅そば5選

大正創業の老舗店や、昔ながらの佇まいが残る文化財レベルの店構えなど、失われる前に味わっておきたい伝統的な駅そばがズラリ！

駅名	店名	メニュー名	
JR 京浜東北線 ほか東神奈川駅	日栄軒	山菜そば	創業100年を超え、現存する駅そばとしては最古級。穴子天が有名だが、深いコクのあるつゆは山菜にもよく合う。
JR 東海道本線 ほか三島駅	桃中軒	みしま コロッケそば	ホーム上の小さな吹きさらし型の店舗で営業。みしまコロッケやかき揚げは、店内で揚げた揚げたてを提供する。
JR 東海道本線 ほか静岡駅	富士見そば	チーズそば	在来線の上下ホームのそれぞれに、吹きさらしの立ち食い店が立つ。古式ゆかしい外観と、斬新なメニューのギャップに萌える。
ハピライン ふくい線武生駅	今庄そば	鰊《にしん》そば	待合室で営業するレトロな小型店舗で、郷愁に富む。甘辛く炊いたニシンが、だしの利いたつゆによく合う。
JR 鹿児島本線 ほか鳥栖駅	中央軒	丸天そば	JR鹿児島本線と長崎本線の接続駅とあって、乗り換えに便利なホーム上の島式店舗がある。手作り感のある“丸くない丸天”がオススメ。

プレミアムな駅そば5選

“早い、安い、うまい”の三拍子が駅そばの基本だが、近年は味を追求したプレミアム駅そばが次々に登場。専門店にも劣らぬこだわりの味を堪能しよう。

JR龍ケ崎市駅の駅前にある「四季蕎麦」の「かけそば＋龍ヶ崎コロッケ」。立ち食いそば店ながらも厳選した国産のそば粉を用い、茹でたてを安価に提供している。

駅名	店名	メニュー名	
JR 常磐線 龍ケ崎市駅	四季蕎麦	かけそば＋ 龍ヶ崎 コロッケ	自家製麺を、注文を受けてから茹でる本格派。しっかり締まった麺は、温かいつゆに合わせても食感が損なわれない。
JR 篠ノ井線 ほか松本駅	信州 榑木川《くれきがわ》	野沢菜 わさび 昆布そば	松本市内で営業する手打ちそば店が駅そばに進出し、2021（令和3）年4月にオープン。ホクッとした食感の二八そばを廉価で味わえる。
京福電気鉄道 太秦広隆寺駅	京富	鳥南蛮そば	駅舎のある駅すら珍しい嵐電（嵐山本線）に、ホームから出入りできる駅そば店が。手仕込みのつゆが味わい深く、飲み干したくなる。
JR 加古川線 小野町駅	ぷらっと きすみの	おろし蕎麦	包丁切りの純手打ちそばを提供。二八そばと十割そばがある。気取らないアットホームな雰囲気で、居心地もよい。
JR 高徳線 ほか徳島駅	麺家 れもん	祖谷仕立て そば（二八）	伝統的な製法で手打ちした極太のそばは、口からこぼれんばかりに香りが豊か。イリコ中心のだしにもよく合う。

太秦広隆寺駅に併設した「京富」の「鳥南蛮そば」。広隆寺や東映太秦《うずまさ》映画村などの観光地にあって、手打ちうどん、生そばを手ごろな価格で味わえるのがうれしい。

JR小野町駅に併設する「ぷらっときすみ」の「おろし蕎麦」。地元・来住《きし》地区で栽培されたそば粉による手打ちそばが人気だ。

要注目な駅そば5選

従来見られなかった斬新な試み・サービスを始めた“駅そばニュータイプ”現る！ 駅そばの将来が、これらの店から感じられるかも。

駅名	店名	メニュー名	
JR 室蘭本線 豊浦駅	ワークランドかっこう出張所	かしわそば	社会福祉法人が、地方再生を目標に駅そば店運営に乗り出した。鶏肉をトッピングしたかしわそばは、北海道では定番。
JR 山手線 ほか新宿駅	十割蕎麦 さがたに	天ぷら そば	香り高い石臼挽きの十割蕎麦を手軽に食べられる立ち食いそばチェーンが、待望の駅ナカ進出！ 揚げたての天ぷらもうまい。
神戸電鉄 新開地駅	神戸製麺所	天かす そば	栄養価の高い「韃靼《だったん》そば」を専門的に提供する駅そば。韃靼そばは香りも食感も強いので、強烈なインパクトを与える。
東急電鉄 二子玉川駅 ほか	しぶそば	冷し かき揚げ そば	駅そば業界に、サブスク（定額制）サービスが登場！ 毎日1杯かけそばが食べられるお得なスマホアプリ「しぶそば定期券」が好評。
JR 大阪環状線 ほか大阪駅	麺亭 しおつる	カレー あんかけ そば	朝・昼は駅そば、夕方以降は居酒屋になる。名物は、和風だしを利かせたカレーあんかけそば。

東急電鉄系の駅そばチェーン「しぶそば」の「冷しかき揚げそば」。サブスクサービスの開始で、駅そばがもっと身近に。

JR豊浦駅構内の「ワークランドかっこう出張所」の「かしわそば」。かしわとは鶏肉のことで、北海道の名物だ。

JR新宿駅西口の地下街にある「十割蕎麦 さがたに」の「天ぷらそば」。麺、つゆ、トッピングのすべてがハイクオリティだ。

JR大阪駅構内にある「麺亭しおつる」の「カレーあんかけそば」。だしが香る和風カレーが、そばによく合う。

新開地駅にある「神戸製麺所」の「天かすそば」。思わず「茹で方を間違えているのでは？」と勘繰ってしまうほど硬質な麺が特徴。全国でも屈指の“バリ硬麺”だ。

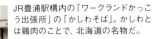

JR品川駅の駅そば店「常盤軒」のこだわり

「自社ブランドにこだわり〝伝統の味〟を守り続けてゆきたい」

大手資本によるチェーン展開が進むJR東日本の首都圏の駅そばにあって、山手線や東海道本線などが乗り入れるターミナル・品川駅には、常盤軒《ときわけん》の駅そば店がホームで50年以上にわたって営業を続けている。近年は新型コロナウイルスの影響で苦境に立たされているが、店のファンも多い。そんな〝独立系駅そば店〟の営業について、常盤軒の社員に聞いた。

薩摩藩家老の子孫が創業 最盛期はホームに5店舗！

常盤軒の歴史は、1922（大正11）年まで遡る。幕末に薩摩藩家老を務め、大河ドラマなどにも登場する小松帯刀《こまつたてわき》の子孫が、品川駅での商売を許可され、翌23（大正12）年に駅弁などの販売を始めた。明治維新の際に帯刀が鉄道敷設建白書を提出、この功績が認められたようだ。

「駅そばを始めたのは、64（昭和39）年になります。57年くらいになりますね。現在は、山手線と横須賀線の各ホームに、合計2店舗が営業中です。1日あたりの来客数は、山手線の店舗だけでおよそ600人です」

最盛期は、東海道本線に1店舗、京浜東北線に2店舗を加え、ホームに5店舗あった。東海道本線の店舗では、「お好

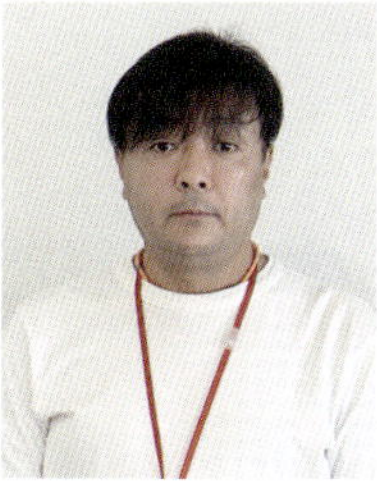

お話をうかがった人

常盤軒 営業1部 統括部長

小塚《こづか》浩《ひろし》さん

1989（平成元）年に常盤軒に入社。「エキュート品川」内の「吉利庵」店長などを経て、現職。

駅そばの麺は、製麺所で事前に茹であげられた茹で麺なので、注文を受けてから麺をザルに投入し、湯通しするだけ。ベテラン従業員が作業にあたり、スピーディーな提供に徹している。

醤油ベースのかえしを出汁と合わせ、そばつゆを作る。常盤軒では、自社ブランドの醤油を使っているのが特徴だ。

みそば」という、店舗限定の人気メニューがあった。

「カウンターの上に10種類ほどの具材を並べ、取り放題というサービスでした。この店舗は、もともとホームの中央に位置していましたが、東京方面（北）寄りのホーム端に移動となり、インパクトのあるサービスでもやらねば経営が成り立たないと思って始めたものです。かなり長い間続けていたのですが、2009（平成21）年、ホームの工事の際に閉店。その営業最終日には、たくさんのお客さまが見えて、シャッターを閉めるときも写真を撮影される方が多く、印象に残っています」

東海道新幹線と接続し、2027年にはリニア中央新幹線が乗り入れる品川駅。首都圏の大ターミナル駅であるため、有名人が利用したという噂話が流れることもある。

常連客の支えを受けて 店を続ける気持ちを新たに

山手線ホームの店舗の営業時間は、朝

6時半から深夜23時まで。16時間半の〝ロングラン営業〟だ。

「店舗で働く従業員の勤務は1日2交代で、14、15時くらいで入れ替わります。通常は1店舗3人での勤務ですが、新型コロナウイルスの緊急事態宣言中などは2人。従業員はベテランばかりで、みなさん長く働いてもらっています。9時から11時と、14時から16時にかけては、来客が少ない〝アイドルタイム〟なので、昼や夜のピークに向けての準備も並行して行います」

そばの注文が入れば、あらかじめ製麺所で茹であげられた茹で麺を使用しているので、麺を湯通しし、つゆをかけて提供する。これが一般的な駅そば店の流れで、テキパキした作業により提供までは1分足らずだ。

「店内での調理は、湯を沸かしてつゆを作る程度。店が小さいので、数百食分の大量の麺になると、店内に入りきらず、1日に2度、3度に分けて店まで配送しなくてはなりません。地下にある関係者専用の地下通路を行き来しているのですが、最後はホームに出るので、お客さまがいっぱいだと、台車で商品を運ぶのもなかなか大変ですね……」

エキナカでの営業なので、電車の運行状況による影響が直撃することもある。

「電車が突然止まってホームに乗客が押し寄せると、店も一気に混み合います。ただし、ホームの混雑が限度を超えると、店までお客がたどり着けなくなる(苦笑)。天候にも左右されやすく、雨が急に降ると、売り上げが増えます。駅から出たくないという心理が働くのでしょう。基本的には、〝寒い=売上増〟で、〝暑い=売上減〟。夏場はエアコンが効いたところで食べたい、冬場は暖を取るために駅そばを、という心理がうかがえます」

うどん・そばのオーダー比率は、一般的に関東圏ではそばが圧倒的だ。

「当店でも9対1で、そばがほとんど。これは、昔から変わりません。トッピン

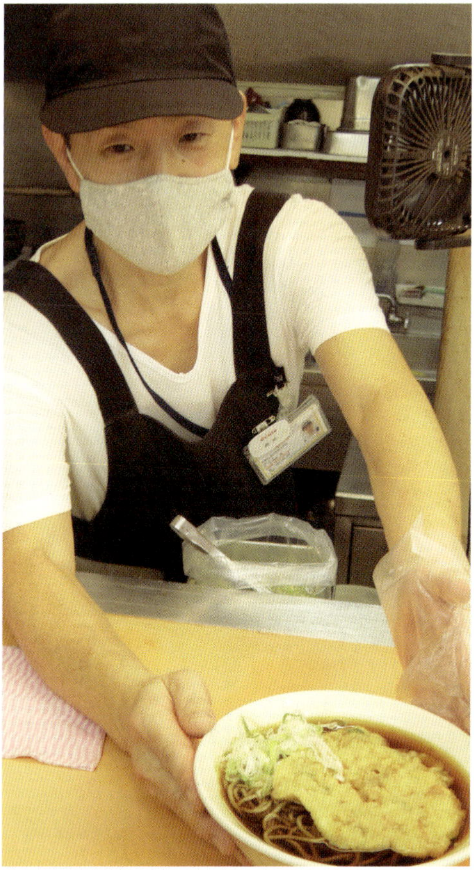

ネギをたっぷりかけて完成。狭い店内に「かき揚げそば、お待ちどおさまです」の声が響く。

JR山手線が発着する品川駅の1・2番線ホームの店舗。ビジネスパーソンを中心に、利用者が絶えない。

常盤軒の「品川丼」(520円)。品川の漁師のまかない飯だったという「品川めし」をヒントに、イカゲソや桜えびが入ったかき揚げをのせている。きゅうりの漬物、そばつゆを薄めた汁物がセットで付く。

JR横須賀線が発着する品川駅の13・14番線ホームの店舗。長距離移動前の腹ごしらえとして利用する人が多い。

グは、やはりかき揚げがいちばん売れます。手ごろでバランスがよいからでしょうか。とりわけ、常連のお客さまの注文が多いですね」

つゆは黒みが強い関東風で、甘みもほんのり。揚げ物との相性が抜群だ。

「かえしで使うしょうゆは、独自発注した自社ブランド。出汁は、先代の社長が静岡で見つけてきたかつお節屋のものを使っています。これは、40年以上も変わっていない。店のこだわりです」

駅弁の製造・販売でスタートした常盤軒だが、現在は駅弁事業から撤退。一方、改札内コンコースの「エキュート品川」に「かき揚げ蕎麦 吉利庵《きちりあん》」というそば店を、10年ほど前から営業している。この店も、駅そばファンからの人気が高い。

「基本は、『新しいことは吉利庵でチャレンジ、ホームの店舗は何も変えない』。変える・変えないについては常に迷いますが、ホームの店は味もメニューも頑なに変えず、伝統を守るというスタンスもアリかなと」

そば以外のメニューも目を引く。常盤軒オリジナルの「品川丼」は、イカゲソや桜エビなどの海鮮が入ったかき揚げが、ごはんにのる。ごはんにシャコを混ぜて炊き上げた「品川めし」という、品川の郷土料理にちなむという。つゆがかき揚げに染み、かすかな海鮮風味とともに旨みが広がる。

「30年以上前から提供しているのですが、近年メディアでよく取り上げられ、人気ですね。ごはんものでは、品川丼とカレーの売り上げがダントツ。実はカレーも、弊社独自のレシピでメーカーに発注した自社ブランドなのです」

新型コロナウイルス蔓延の影響は、駅そば営業に大打撃を与えている。

「年間の売り上げは、半分に落ち込みました。お客さまにご迷惑がかからない程度に、従業員を減らして店を回し、やりくりで何とか営業を続けています。品川には大手企業が多く、在宅勤務により出勤を減らしていて、駅自体の利用客が激減しました。苦しい状況でも、常連のお客さまが絶えず来てくれるので、それを支えに店を続けてゆきたいですね」

山手線ホームの店舗で、10人ほど収容できる。

常盤軒

Information

営 6:30 ～ 23:00　休 無休

TEL 03-5843-4147

IC決済可能

山手線ホームにある店内から、電車を眺めながら「いただきます」。電車の到着に合わせて、そばをかきこむ人の姿も。

第1章

駅そば図鑑

駅そばチェーン

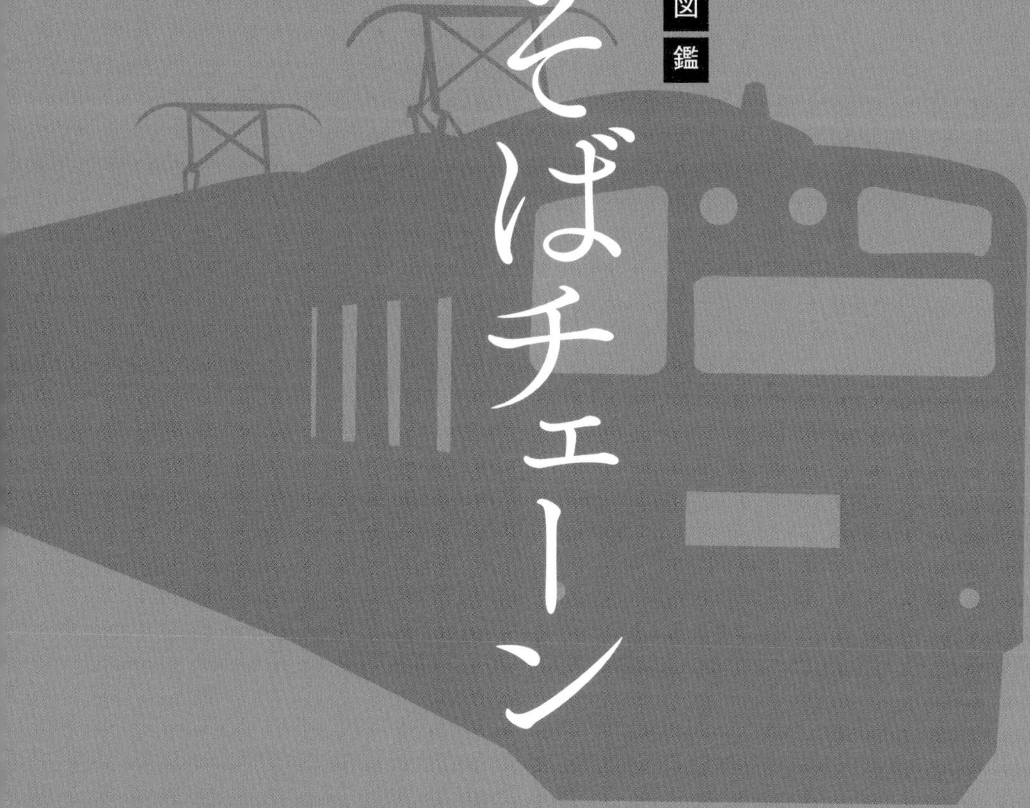

いろり庵きらく
そばいち
爽亭
高幡そば
万葉そば
しぶそば
えきめんや
箱根そば
狭山そば
そば処めとろ庵
相州蕎麦
南海そば
若菜そば
麺家
粋麺あみ乃や
麺座
山陽そば
博多やりうどん

JR東日本系駅そばチェーンの最前線

時代の変化に合わせた〝ニュータイプ駅そば〟を展開！

JR東日本の首都圏エリアの主要駅を中心に出店している「いろり庵きらく」や「そばいち」などの駅そばチェーン。生麺を導入するなど従来型の駅そばのイメージを覆すサービスを取り入れ、〝新時代の駅そば店〟として老若男女を問わず支持を集めてきた。これら店舗の営業戦略や最新サービスについて、担当者に話を聞いた。

麺の種類によって生そば系・茹でそば系に大別

——JR東日本の駅ナカには、さまざまな駅そばの店舗が営業しています。「いろり庵きらく」や「そばいち」をはじめ、「大江戸そば」や「濱そば」などさまざまなブランドがありますね。

たしかにさまざまなブランドがありますが、使用している麺の種類によって大きく2つに分けることができます。「いろり庵きらく」と「そばいち」は、生そば（生麺）を提供している代表的なブランドになります。一方、「大江戸そば」や「濱そば」などでは、茹でそば（茹で麺）を使用しています。

お話をうかがった人

JR東日本クロスステーション
フーズカンパニー
営業開発部
マーケティンググループ プランニングチーム
サブマネージャー

駒形 悠葵さん

2011（平成23）年に入社。現在は主にそば店の新規出店やメニュー開発を担当している。

――打ち立ての「生そば」と、工場で茹で上げた麺を店頭で湯通しして提供する「茹でそば」ということですね。

「いろり庵きらく」は関東一円に広く展開され、現在（２０２５年1月時点）は86店舗になります。そのほとんどが駅構内で営業していますが、一部で駅から少し離れた場所にあるものもあります。

最近は「いろり庵きらくそば」という新たな屋号を掲げた店舗も手掛けており、ＪＲ王子駅や五反田駅、水道橋駅など18店舗ほどあります。従来の「いろり庵きらく」とメニューは同じですが、「いろり庵きらく」の看板に、大きく「そば」と示しています。そば店であることをより強くアピールする狙いがあります。

――「そばいち」についても教えてください。

「そばいち」は、「いろり庵きらく」に次ぐ規模の生そばブランドです。現

生そばの主要ブランド

そばいち

SOBAICHI

計11店舗

毎日食べたくなる味を目指し、リーズナブルにおいしいそばを提供。かつお節の風味にさば節の厚みと旨みを合わせただしと、店内で茹で上げるのどごし豊かな生そば、自家製の天ぷらが特徴。

店頭の藍染の暖簾が目印となる「そばいち」。そば専門店であることをアピールする店名により、「いろり庵きらく」との差別化を狙っている。写真のエキュート赤羽店が1号店だ。

生蕎麦 いろり庵 きらく

計86店舗

茹でたての生そばと店内調理する自家製かき揚げが自慢のそば店。従来型の駅そばと本格的なそば屋の中間という位置付けで、クイックでありながらもこだわりのあるメニューを提供する。

JR東日本系駅そばチェーンの主力「いろり庵きらく」。茹で立ての生そばを提供するのが特徴だが、そば以外のメニューも取り揃え、気軽に立ち寄れる駅の食堂という雰囲気がある。

「いろり庵きらく」の店内。立食用のスタンドテーブルとテーブル席を設置し、さまざまな利用に対応している。囲炉裏風のオブジェを配置した明るい雰囲気が広がり、女性でも利用しやすい雰囲気だ。

「そばいち」のカウンター席。テーブルの下には荷物置き場もある。

在11店舗展開し、すべて駅構内で営業しています。「いろり庵きらく」とは異なり、「そばいち」はそば専門店であるため、うどんの取り扱いはありません。

——これらのほかに、生そばのお店はあるのでしょうか？

ＪＲ東京駅に「蕎麦《そば》２９《にく》東京」という新しい業態の店もあります。ピリ辛のつけ汁と豚肉を組み合わせた「肉つけそば」が人気商品です。使用している麺は、「そばいち」や「いろり庵きらく」とは異なるもので、肉やつけ汁にもこだわっています。

——生そばに対し、茹でそばの店舗はたくさんある印象があります。

「大江戸そば」や「濱そば」だけでなく、茹でそばブランドは多数あります。屋号こそ異なりますが、麺やつゆなどの原材料は社内で一括管理しています。そのため、基本的に味やメニューに違いがありません。

ただし例外がいくつかあります。たとえば、ＪＲ立川駅の「清流そば」と「奥多摩そば」という店舗で、「おでんそば」を提供しています。これは、おでんの具をトッピングした商品で、地元で人気となっています。

また、首都圏南部で展開している「濱そば」では、つゆに特徴があります。大船駅や藤沢駅でかつて営業していた老舗の駅そば店「大船軒」の流れを汲むため、当時使用していたつゆを引き継いでいます。

——茹でそばは従来タイプ、生そばはニュータイプというイメージがあります。

ひと昔前まで駅そばといえば、茹で

そばしかなく、スピーディーな提供が重視されていました。しかし時代の流れとともに、「いかにおいしく提供するのか」という新たなニーズが求められるようになります。その中で2008（平成20）年に、「いろり庵きらく」の1号店がJR蒲田駅でオープンします。

商品の品質を追求し、店舗で調理を行うスタイルを導入したはしりといえます。自家製のかき揚げにこだわっているのも、その流れを象徴したものです。駅そばのイメージが、〝簡易な食事〟から〝おいしさを追求する専門店〟へシフトしたのです。

――時代の変化が大きいのですね。

一方で茹でそば店、たとえばホーム上の店舗では、老朽化などの影響で厳しい状況に直面しています。近年は温暖化の影響が深刻で、夏場には調理場の環境が過酷になり、空調設備を整備

茹でそばの主要ブランド

合計22店舗

菜の花そば

清流そば

濱そば　元祖

大江戸そば

そば処　中山道

茹でそば店舗の中には、ホーム上で営業しているものも。懐かしい雰囲気を漂わせる。

茹でそばブランドが数多い理由は？

駅そばの展開については、コンビニチェーンのような全国的に統一されたブランド戦略をイメージするかもしれない。しかし駅そばでは、それとは大きく異なる歴史がある。

コンビニなどの全国チェーン店の場合、中央の本部で戦略が練られ、1号店、2号店……と順次展開される。一方、JR東日本の駅そば（茹でそば）は、もともと各駅で独自に営業していたそば店を統合してきた経緯がある。こうした背景から駅そば店の屋号は、旧店名をそのまま引き継いだものや、エリアごとに店名を統一化させたものまで混在することになった。

「いろり庵きらく」の季節限定メニューの例

2023年12月
販売

帆立と長ねぎのかき揚げそば (680円～)

青森県産の帆立と旬の長ねぎを使用した"今だけ"のぜいたくな一杯。かき揚げを口に入れると、帆立の旨味や長ねぎの甘味、香ばしさが広がる。寒い時期だからこそ温かいつゆにかき揚げを溶け込んで食べると、体に旨味が染みわたる。

2024年10月
販売

豚肉白菜あんかけそば (680円～)

豚肉と茨城県産白菜を使い、あんかけにして旨味をぎゅっと閉じ込めた一杯。豚肉の旨みが染み出た白菜あんかけが口いっぱいに広がり、冬ならではのおいしさを堪能できる。お好みで七味ペーストを加え、味の変化を楽しもう。

するのは必須といえますが、設備更新にも費用がかかります。従業員の健康に配慮して、猛暑が続く期間だけ休業する店舗も増えています。旅情あふれる駅そばを大切にしたいと考えていますが、こうした課題で存続の難しさを抱えているのが現状です。

オペレーション改善でさらなる〝進化〟を目指す

――「いろり庵きらく」では、季節限定や期間限定メニューが魅力的ですね。その中から、これまでの人気メニューについて教えてください。

2023・24（令和5・6）年の冬季限定メニュー「帆立と長ネギのかき揚げそば」が人気を集めました。東北地方の海鮮を使った「#食べるぜニッポン」という、農林水産省とJRの共同キャンペーンの一環で生まれたもので、青森県産のホタテを使ったかき揚げをトッピングしています。

販売開始直後から非常に好評で、全店舗で爆発的な売り上げを記録しました。翌年も同様のメニューを展開しています。

――現在（２０２４・25年冬）提供中の季節限定メニューについても教えてください。

現在は「豚肉と白菜のあんかけそば」を販売中です。このメニューでは、やさと農業協同組合（ＪＡやさと）との連携で調達した新鮮な白菜を使用しています。弊社は「みどりの線路」という農事組合法人を持っており、ＪＡや農家さんと協力して農地を管理し、地元で育てた野菜を積極的に取り入れています。

――季節限定メニューは、年間でどのくらいの頻度で切り替わるのでしょうか？

年間で6回程度、季節ごとにメニューを変更しています。「いろり庵きらく」と「そばいち」で異なるメニューを提供していますが、どちらも季節感を大切にしたメニューを考えています。常に新しいアイデアでメニュー開発を行っています。

――「いろり庵きらく」や「そばいち」において、サービス面では変化はありますか？

「呼び出しシステム」を導入したことが、変化の一例ですね。従来はお客さまが券売機で食券を購入し、それを提供口でスタッフに渡して料理を受け取るスタイルでした。それが現在は、食券に記載された整理番号で注文を管理し、料理が完成するとモニターに番号が表示され、お客さまがそれを確認して料理を受け取ります。以前は「かき揚げそばのお客さま～」と呼びかけると、複数のお客さまが反応してしまうこともありましたが、現在では「１３０番のお客さま～」と、番号で正確にご案内できるようになりました。

このシステムではまた、購入された食券のデータが直接キッチンに送られます。これにより接触機会が減少し、感染症対策が強化され、それと同時にスタッフの作業効率も向上しました。従来のような、食券の受け渡しに関わるトラブルや提供ミスが減り、お客さまにとってもスタッフにとってもスムーズなやり取りが可能になりました。

――店内でのオペレーションで何か特徴はありますか？

そばのつゆについて、茹でそば店を含めた弊社の全店舗で「つゆマシーン」を導入しています。つゆを店内で作ると、煮詰まって朝・夕で味が変わることがあります。そのため、味を安定化させるために取り入れています。最近は、新型モデルへの切り替えも進めています。改良を重ねながら、より安定した味になるよう調整を進めています。

――上野駅では、「セルフ駅そば」というユニークなお店もありますね？

セルフ駅そばは、コロナ禍での非接触ニーズや人手不足の解消を目的に導入したものです。冷凍そばを活用し、自社工場で製造した商品を無人運営で提供する実験的な試みでした。利用され

2023（令和5）年6月に登場したJR上野駅の「セルフ駅そば」。完全無人化の店舗として話題になった。

「つゆマシーン」は全店舗で導入されている。だしを自動的に抽出し、一杯分のつゆが出てくる。

るお客さまの中でも、比較的若い世代や学生から支持される一方、年配の利用者からは「接客がない」「高い」などの厳しい意見もいただいています。味に関しては「意外とおいしい」という声が多い印象です。製造コストや清掃・補充のオペレーション効率化といった課題もあるため、今後の展開は不透明な状況です。

SNSを通じた特典サービスが目を引く

——キャンペーンなどの取り組みについてもお聞かせください。

現在導入されている最新の券売機には、QRコードが読み取れる機能が搭載され、これを活用したさまざまなサービスを展開しています。たとえば、店舗の新規開業記念をSNS上で展開したキャンペーンとして、クーポン付きQRコードを配布しました。お客さまは来店時に券売機でこのQRコードを利用すると、100円引きや特定の商品との引き換えといったサービスが受けられます。今後もこうした取り組みを通じ、来店促進やお客さまの満足度向上につなげようと考えています。

——最新の券売機は、「いろり庵きらく」「そばいち」の全店舗に導入されているのでしょうか？

ほぼ全店舗で導入が完了しています。この券売機では、現金やSuicaに加え、JR東日本のポイントサービス「JRE POINT」を使った決済も可能になりました。

——SNSを通じた取り組みについて、もう少し教えていただけますか？

キャンペーンや他社との連携を図り駅そば文化を盛り上げてゆきたい

たとえば、X（旧ツイッター）の「いろり庵きらく」公式アカウントをフォロー＆リポストしていただいたうえで、抽選により特典が受けられるサービスを積極的に行っています。SNSの活用を進め、現在ではXの公式アカウントのフォロワー数が1万5000人を突破し、駅そば業界ではかなりの規模になってきました。ぜひフォローをお願いいたします。

　このほか、小田急電鉄グループの「箱根そば」、東急電鉄グループの「しぶそば」、京急電鉄グループの「えきめんや」など、首都圏の鉄道各社の駅そば運営会社が連携し、共同キャンペーンを実施しています。同じ駅そばといっても、路線が異なると店舗展開しているエリアが競合しないので、協力しやすいという側面があります。過去には、スタンプラリー形式で各社のメニューを楽しむ「えきそばめぐり」を開催し、1日で全店舗をめぐる強者も現れるほどの盛り上がりを見せました。こうした取り組みを通じ、駅そば文化を大切にしてゆきたいと思っています。

X（旧ツイッター）の「いろり庵きらく」公式アカウントから、最新情報や特典、イベントなどが発表される。

いろり庵きらくの
最新情報は
コチラから

JR東日本

東《とう》京《きょう》駅ほか

実食Check □

かき揚げそば

570円～

「いろり庵きらく」のスタンダードメニュー。茹で立てのそばの上に、サクサクの自家製かき揚げがのる。

実食Check □

ざるそば

470円～

茹で立てのシコシコ麺を、かつお節ベースの濃いめのつゆでいただく。薬味のネギが多めでうれしい。

いろり庵きらく

JR首都圏を中心に展開する駅そば店で、JR東日本グループのJR東日本クロスステーションのメインブランド。茹でたての生そばと自家製かき揚げが自慢で、定番メニューだけでなく、季節限定メニューや丼ものなどメニューが充実し、食堂感覚で気軽に利用できる。

Information

いろり庵きらく グランスタ丸の内

営 月曜～土曜7:00 ～ 22:30／日曜・祝日8:00 ～ 21:00

※翌日が休日の場合は22:30まで

休 無休

TEL 03-6268-0936

IC決済可能

大宮店の店内の様子。テーブルの下に荷物入れを設けるなど、配慮がされている。

お店はココ！

池袋駅、秋葉原駅、三鷹駅、宇都宮駅、大宮駅、鎌倉駅、甲府駅、千葉みなと駅、横浜駅など

※86店舗（2025年1月現在）

主なメニュー

- □かけそば・うどん 420円～
- □ざるそば・うどん 470円～
- □たぬきそば・うどん 500円～
- □かき揚げそば・うどん 570円～
- □ちくわ天そば・うどん 570円～
- □鴨そば・うどん 660円～

JR東日本

東《とう》京《きょう》駅ほか

実食Check ☐

かき揚げそば
590円

タマネギ、ニンジンなどを絡めた自家製のかき揚げと、そばいちのロゴ入りかまぼこ、たっぷりのネギがのる。かき揚げとスープを絡めて、いただきたい。

実食Check ☐

国産海苔そば
630円

海苔、カマボコ、ネギ、かつお節をトッピング。薬味としてワサビがつく。ワサビを海苔にのせて食べると、味にアクセントがつく。

実食Check ☐

狭山のさといもコロッケそば 610円

埼玉県狭山市産のサトイモで作られたコロッケをトッピング。つゆに里芋の旨みが溶け込んで美味。

JR首都圏の主要駅に展開。女性が利用しやすい空間となっている。

お店はココ！

新宿駅、赤羽駅、神田駅、海浜幕張駅、千葉駅、東京駅、恵比寿駅、大宮駅　※11店舗（2025年1月現在）

そばいち

「いろり庵きらく」とともに、JR東日本クロスステーションが展開する。そば専門店のため、うどんメニューはない。かつお節の風味にさば節の厚みと旨みを合わせただしと、店内で茹で上げるのどごし豊かな生そば、自家製の天ぷらが自慢。

Information

そばいち グランスタ東京

営 7:00～22:30（土曜は22:00、日曜・祝日は21:00まで）
休 無休
TEL 03-6256-0385
※店舗により異なる

IC決済可能

主なメニュー

- ☐ かけそば 440円
- ☐ もりそば 440円
- ☐ かき揚げそば 590円
- ☐ 鴨そば 680円
- ☐ 国産海苔そば 630円
- ☐ 狭山のさといもコロッケそば 610円

JR東日本・JR東海

池《いけ》袋《ぶくろ》駅ほか

実食Check

桜エビのせかき揚げそば

550円

中央のかき揚げの中に、桜エビやニンジン、ごぼう、たまねぎが入り、口に入れると桜エビの香りがほんのりと広がる。

イカ天そば

実食Check

550円

大きめのイカの天ぷらが一本どんとのる。イカには切り込みが入っているので、肉厚でも食べやすい。

実食Check

春菊天そば

550円

春菊のかき揚げと白ネギをトッピング。春菊の香りはしっかり感じられるが、かき揚げにすることでマイルドな風味に仕上がっている。

爽亭《そうてい》

JR名古屋駅にあるきしめんの「住よし」と同じ、ジャパン・トラベル・サーヴィスが運営する立ち食い店。まろやかなつゆは、各店で毎日仕込んでいる。季節限定メニューも充実しているが、店舗限定メニューもあるので、各店舗をめぐってみたい。

Information

JR池袋駅中央口（改札内）店

営 平日・土曜6:30 ～ 23:00 ／ 日曜・祝日7:00 ～ 20:00（閉店15分前ラストオーダー）

休 無休　TEL --

※店舗により異なる

IC決済可能

主なメニュー

- ☐ 桜エビのせかき揚げそば・うどん 550円
- ☐ イカ天そば・うどん 550円
- ☐ 春菊天そば・うどん 550円
- ☐ かき揚げ天玉そば・うどん 620円
- ☐ 豚肉生姜そば・うどん 580円
- ☐ そば屋のカレーそば・うどん 570円

爽亭
店舗限定メニュー

実食Check

JR池袋駅中央口（改札内）店限定

東京きしめん

460円

平打ちのきしめんの上に、油揚げ、かつお節、ネギをトッピング。醤油をやや強めに効かせ、関東風にアレンジしているようだ。JR名古屋駅にあるきしめんの人気店「住よし」と経営母体が同じだからこそ、本場の味を東京でも堪能できる。

実食Check

JR上野駅11・12番線ホーム店限定

夜得メガ盛 750円

1.5倍に増量した麺に、五目野菜のかき揚げと豚肉生姜をのせたボリューム満点メニュー。提供は17時以降なので、時間に注意しよう。

実食Check

JR熱海駅伊東線ホーム店限定

熱海そば 600円

静岡にちなむ具材をトッピングしたメニューで、四季に合わせて3カ月ごとに内容が替わる。6～9月は「桜エビ・生のり・わさび」（下）、10～1月は「あおさ・しらす・青ねぎ」（左）。

JR池袋駅中央口（改札内）店。店内はカウンターのみで、7人ほど収容できる。

お店はココ！

池袋駅、上野駅（2店舗）、荻窪駅、国分寺駅、登戸駅、熱海駅、三島駅　※計8店舗

京王電鉄

高《たか》幡《はた》不《ふ》動《どう》駅ほか

実食Check □

鳥中華
600円

「高幡そば」の定番商品の一つ。そばのつゆに中華麺という異色の組み合わせの「鳥中華」は、山形県発祥のご当地グルメ。その鳥中華を参考に、のり、ネギ、ナルト、三つ葉、揚げ玉といった独自の具材をプラスしている。

実食Check □

ミニカレーセット
620円

京王電鉄系の「カレーショップC&C」で提供しているカレーライスがセットに。そばは、温・冷が選べる。

「高幡そば」の高幡不動駅店。食券を買って入店しよう。

高幡そば

京王電鉄グループのレストラン京王が運営する駅そば店。高幡不動駅は参拝客や舌の肥えた年配客が多く来店するため、生そばを提供している。濃いめのめんつゆによく合い、ミニカレーセットはしっかり食べたいサラリーマンなどにも人気だ。

Information

営 高幡不動店：7:00～21:00（平日）／7:00～19:00（土・日・祝日）明大前店：6:30～22:00（平日）／7:00～20:00（土）／7:00～19:00（日・祝） 休 無休

TEL なし

IC決済可能

お店はココ！

高幡不動駅、明大前駅
※2店舗

主なメニュー

- □ 田舎そば（かけ） 410円
- □ たぬき田舎そば 480円
- □ きつね田舎そば 500円
- □ 山菜田舎そば 500円
- □ 鳥中華 600円

京王電鉄

つつじケ丘《おか》駅

あしたば天そば

590円

実食Check

セリ科の明日葉を揚げた「あしたば天」は、駅そば店のトッピングとしては珍しい。衣が薄くてシャキシャキ感を保ち、クセのない優しい味がほどよい。打ち立て・茹でたてのそばが絶品だ。

季節限定

実食Check

季節限定天丼と二八そばセット

1080円

エビ、ブリ、春菊、エリンギ、レンコンの天ぷらが豪華に揃う季節限定のメニュー。

万葉そば

京王電鉄グループのレストラン京王が運営する駅そば店。リーズナブルな価格ながらも、注文が入ってから製麺機で製麺して茹で上げる本格志向の二八そばを提供することで知られる。季節限定メニューやテイクアウトで揚げたての天ぷら盛り合わせもご用意。

Information

営 つつじヶ丘店:7:00～21:00(土・日・祝日は20:00まで)／休 無休 TEL なし

IC決済可能

季節限定

実食Check

季節限定の天ぷらそば 820円

冬季限定のメニュー。桜えび、ごぼう、タマネギを絡めたかき揚げと、春菊とレンコンの天ぷらが味わえる。

主なメニュー

- □ もりそば 420円
- □ あしたば天そば 590円
- □ えび天そば 750円
- □ 鴨南蛮そば 770円
- □ かき揚げそば 570円
- □ ミニひれかつカレーセット 770円
- □ ミニえび天丼セット 850円

東急電鉄

二《ふた》子《こ》玉《たま》川《がわ》駅ほか

実食Check

□ **かき揚げそば** 580円

そばは生そばを使用し、コシが感じられる。かき揚げは、季節ごとに具材が変わるのが特徴。カツオだしが効いたつゆと一緒に味わおう。

季節限定

実食Check

□ **あなご一本天そば** 690円

2025年冬の季節限定メニュー。あなごを1本丸ごと使用した、ボリューム満点の一杯。見た目のインパクトも抜群。

主なメニュー

- □ かけそば・うどん 420円
- □ ちくわ天そば・うどん 560円
- □ かき揚げそば・うどん 580円
- □ 海老天そば・うどん 680円
- □ カレーそば・うどん 610円
- □ ぴり辛ねぎそば・うどん 570円
- □ もりそば・うどん 420円
- □ 海老天せいろ 750円
- □ 天丼セット 950円
- □ カレーライスセット 870円

しぶそば

東急線沿線を中心に展開し、東急グルメフロントが運営。駅そば店ではいち早く、ラー油を使ったピリ辛メニューを取り入れ、意欲的なメニュー開発がうかがえる。しぶそばアプリでは月額定額制の「しぶそば定期券」を販売するなど、ユニークな試みも見られる。

Information

しぶそば 二子玉川店

営 平日7:00 ～ 22:00／土曜7:00 ～ 21:00／日曜・祝日7:00 ～ 20:00

休 年始　TEL 03-6431-0562

※店舗により異なる

IC決済可能

ちくわ天そば（冷・温）

実食Check

560円

大きなちくわを大胆に盛り付けた一品。サクっと揚がったちくわ天は温かいそばでも冷たいそばでもどちらも美味しく味わえる。

期間限定

実食Check

ぴり辛ネギそば（冷・温） 570円

期間限定（一部販売していない店舗あり）で登場する大人気メニュー。チャーシューを混ぜたネギに、ラー油入りの特製タレを絡めてそばにのせた。甘みのあるつゆに、ピリ辛風味がアクセントを添え、食欲をかき立てる。

お店はココ！

二子玉川駅、あざみ野駅、市が尾駅、青葉台駅、長津田駅、中央林間駅、武蔵小杉駅、綱島駅、菊名駅、蒲田駅、池袋駅、大井町駅、池上駅、溝の口駅、多摩川駅 ※15店舗

※メニュー・価格は二子玉川店のもの。一部店舗で異なる場合があります。

しぶそばのサブスク「しぶそば定期券」が人気！

1カ月4,800円で、1日1杯、かけそば・もりそばが食べられるサブスク（定額課金）サービス。ヘビーユーザーにはオススメだ。

※価格は2025年1月時点

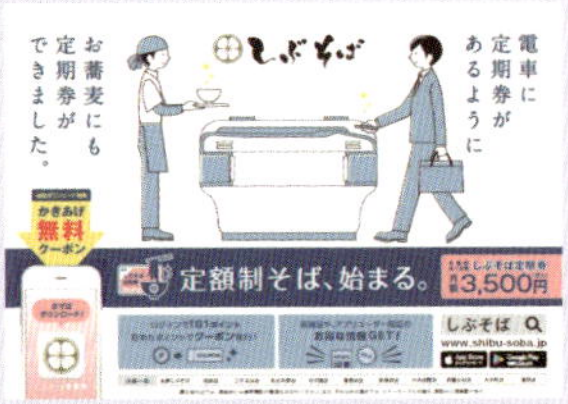

京浜急行電鉄

横《よこ》浜《はま》駅ほか

実食Check

□

かき揚げそば

550円

店内で手作りしたかき揚げがのった定番メニュー。かつお節をふんだんに使用し、時間をかけて抽出したこだわりのつゆを使用。

実食Check

□

豆腐一丁そば

季節限定

550円

夏季の季節限定メニュー。かつお節をかけた絹豆腐が丸ごと一丁のり、インパクト抜群。刻みのり、ネギ、揚げ玉とともにいただく。

えきめんや

挽ぐるみの生麺を使ったこだわりの駅そば店で、京浜急行電鉄のグループ会社「京急ロイヤルフーズ」が京急沿線に展開。三崎の名物店「くろば亭」とコラボしたメニューや特製ラーメンなど、期間限定メニューが充実している。

Information

えきめんや 横浜店

営 平日6:15 ～ 22:00、土曜・日曜・祝日6:30 ～ 20:00

休 無休

TEL 045-453-0033

※店舗により異なる

IC決済可能

主なメニュー

- □ かけそば・うどん 400円
- □ ざるそば・うどん 450円
- □ 玉子そば・うどん 500円
- □ わかめそば・うどん 470円
- □ かき揚げそば・うどん 550円
- □ きつねそば・うどん 550円
- □ カレーそば・うどん 580円
- □ 肉そば・うどん 690円（横浜ポルタ店では販売なし）
- □ 海鮮かき揚げそば・うどん 600円（横須賀中央店・横浜ポルタ店では販売なし）
- □ 温冷かけ+ミニ丼セット 760円（横浜ポルタ店では販売なし）

※そば・うどんは温・冷が選べる（冷は40円増）

ワンランク上のえきめんやとして「横浜ポルタ店」が誕生！

2024（令和6）年12月、「えきめんや横浜ポルタ店」がオープン。通常のそばに加え、そば粉をぜいたくに使用した二八そばを用意している。さらに“えきめんや 極みメニュー”と銘打ち、二八そばを使った2品をラインナップに加え、丼メニューも充実させた。ワンランク上のえきめんやとして注目を集める。

実食Check ☐

海老出汁そば（二八）

950円

“えきめんや 極みメニュー”の一つ。海老のだしをブレンドしたつゆと海老のかき揚げを合わせた、海老づくしの一杯。

実食Check ☐

肉天ざるそば（二八）

880円

“えきめんや 極みメニュー”の一つ。柔らかい豚肉を特製だれにつけて揚げたボリューミーな天ぷらが目を引く。

横浜駅東口地下街「ポルタ」で店を構える。店内は着席形式を採用した。

特製しょうゆラーメン 680円

実食Check ☐

※2025年1月15日～3月中旬頃

そば屋が手掛ける特製の醤油ラーメン。そばつゆを使って味に深みを与え、あっさりとした和のテイストに仕上げた。

※横浜ポルタ店では販売なし

期間限定

京急線の横浜駅改札内にある「えきめんや 横浜店」。

お店はココ！

京急川崎店、横浜店、横浜ポルタ店、黄金町店、弘明寺店、上大岡京急店、金沢文庫店、追浜店、横須賀中央店、京急久里浜店、三崎口店 ※11店舗

小田急電鉄

代《よ》々《よ》木《ぎ》上《うえ》原《はら》駅ほか

実食Check

かき揚げ天そば

540円

「箱根そば」自慢の一品。タマネギ、ニンジン、春菊などを絡めたボリューム満点のかき揚げが目を引く。かき揚げは、一つ一つ手揚げをしており、だしの効いた甘めのそばつゆと相性抜群です。

実食Check

ミニ海老&かき揚げ丼セット

750円

人気の海老天とかき揚げ天をのせた贅沢な丼とそばのセット。

季節限定

豆腐一丁そば

620円

夏季限定メニュー。豆腐を丸々一丁そばにのせ、かつお節、ネギ、生姜を添える。夏の定番として長年にわたり提供されているという。

実食Check

箱根そば

小田急線沿線を中心に展開し、小田急レストランシステムが運営。そばは生麺で、店内で茹で上げているのが特徴。季節メニューが充実しており、夏季限定の「豆腐一丁そば」などロングラン商品もある。ファンの間では「箱そば」の愛称で親しまれている。

Information

箱根そば 代々木上原店

営 7:00 ～ 21:00（土曜は7:00 ～ 20:00、日・祝は7:00 ～ 18:00）

休 無休　TEL 03-3466-2244

IC決済可能

「箱根そば」代々木上原店。

お店はココ！

代々木上原駅、下北沢駅、経堂駅、本厚木駅、秦野駅、小田原駅など

※39店舗（FC店、箱根そば本陣店はのぞく）

主なメニュー

- ☐ ざるそば・うどん　500円
- ☐ かき揚げ天そば・うどん　540円
- ☐ ちくわ天そば・うどん　540円
- ☐ めかぶそば・うどん　650円
- ☐ ミニ海老&かき揚げ丼セット（温冷）750円

西武鉄道

所《ところ》沢《ざわ》駅ほか

実食Check ☐

特製 豚肉そば

640円

旨み濃厚な豚バラ肉に揚げ玉を添え、ボリュームたっぷりに仕上げた一杯。豚バラ肉は、そばつゆでサッと煮ることで、麺やつゆにじんわり馴染む。ひと口頬張れば、だしの香りをまとった肉の旨みがこぼれんばかりに広がる。

季節限定

実食Check ☐

狭山の茶そば

500円

毎年季節限定メニューとして夏季に登場。抹茶を練り込んだ鮮やかな緑色の麺をすすると、ほのかなお茶の渋みが鼻腔を撫でる。そばつゆよりも香りが繊細なので、つゆのつけすぎに注意。

狭山そば

所沢駅のホームで長年親しまれてきた駅そば店として有名。2013（平成25）年の駅舎改修に合わせてリニューアルされ、ホーム上の吹きさらし型店舗から、屋内で落ち着いて食事を楽しめるスタイルに変わった。カツオやサバなどにアゴ（トビウオ）を加えた、深いコクのあるだしが特徴。

洗練された雰囲気に生まれ変わった店舗。かつての吹きさらしの店舗を懐かしむ常連客が多いこともあり、店内には旧店舗や旧駅舎の写真が多数展示されている。西武新宿線下りの1番線ホームにある。

Information

所沢店

営 6:30 ～ 22:00
（日曜・祝日は21:00まで）

休 無休　TEL 04-2968-3380

IC決済可能

主なメニュー ☑

- ☐ たぬきそば・うどん 470円
- ☐ きつねそば・うどん 500円
- ☐ 山菜そば・うどん 520円
- ☐ かき揚げ天ぷらそば・うどん 550円
- ☐ 春菊天そば・うどん 580円
- ☐ ちくわ天そば・うどん 520円
- ☐ 特製 豚肉そば・うどん 640円

お店はココ！

所沢駅、清瀬駅
※2店舗

大《おお》手《て》町《まち》駅ほか

実食Check

かき揚げそば

570円

めとろ庵名物の分厚いかき揚げが、器に斜めに差し込まれている。サクサクとした食感を楽しむのもよいが、つゆを染み込ませても味わえるので、二度おいしい。

春菊天そば

実食Check

610円

大きめの春菊天は、そのままかぶりついてもザクザクした食感が味わえる。春菊天を崩しながら、そば、つゆと絡めていただくのも格別だ。

実食Check

かつ丼セット 850円

人気メニューの一つ「カツ丼」とそばを一緒に味わえるボリューム満点のメニュー。お新香をアクセントに、だしがきいた甘めのカツ丼と、シンプルな味わいのそばとの相性が絶妙。

東京メトロ東西線西改札から右に千代田線方面に進むと左手にある「めとろ庵大手町店」。席数は、カウンター席とテーブル席合わせて約27席。

主なメニュー

- ざるそば・うどん 480円
- あおさわかめそば・うどん 550円
- かき揚げそば・うどん 570円
- 春菊天そば・うどん 610円
- かき揚げ玉子そば・うどん 650円

そば処 めとろ庵

東京メトログループのメトロプロパティーズが運営する駅そば店で、駅ナカを中心に7店舗展開している。そばは茹で立ての生そば、つゆは本醸造醤油をベースに鰹節やさば節、煮干のダシを使った味が基本で、大きめの各種揚げ物がのったメニューが人気を博している。

Information

営 7:00 ～ 22:00（平日）／ 7:00 ～ 17:00（土曜） 休 日曜・祝日

TEL 03-3284-3055

※営業時間は店舗により異なる

IC決済可能

ココでも食べられる！

大手町駅、新木場駅、錦糸町駅、西船橋駅、後楽園駅、門前仲町駅、上野駅 ※7店舗

相模鉄道

三《み》ツ境《きょう》駅ほか

実食Check

かき揚げ天そば

500円

王道メニュー。エビ、タマネギ、青菜などを絡めたサクサクのかき揚げ、食欲をそそる。しょうゆベースでかつお出汁の利いたつゆも旨い。

実食Check

鴨つけせいろ

720円

温かいそばの鴨南蛮に対し、冷たいそばだと鴨せいろと呼ばれる。自家製麺のうどんもある。鴨の旨みが溶け込んだつけ汁に、薬味のネギを入れながら、麺を合わせていただく。

「相州蕎麦」ジョイナステラス二俣川店。二俣川駅直結の駅ビル「ジョイナステラス二俣川 ジョイナステラス3」の2階にある。

お店はココ！

二俣川駅、三ツ境駅
※2店舗

季節限定

長なす煮浸しそば

実食Check

680円

夏季限定の人気季節メニュー。煮浸しのなすは甘みもあり、カイワレと大根おろし、おろし生姜が味に変化をつける。そばつゆとも、意外なほどに合う。

相州蕎麦

相模鉄道の沿線で展開する駅そば店で、なかや商事が運営。同社には、茹で麺で提供する「相州そば」もあるが、「相州蕎麦」は2016（平成28）年に立ち上げられた新しいブランドで、生麺を使用して本格志向を追求している。

Information

相州蕎麦 ジョイナステラス二俣川店

営 7:00 ～ 22:00　休 無休

TEL 045-366-6577

※店舗により異なる

IC決済可能

主なメニュー

- □ かき揚げ天そば 500円
- □ 冷やし納豆そば 680円
- □ 長なす煮浸しそば 680円
- □ 鴨つけせいろ 720円
- □ 特製肉つけ麺 880円

南海電鉄

なんば駅ほか

実食Check

☐ **イカ天そば**
500円

丼からはみ出して反り返る、ビッグサイズのイカ天が人気。肉厚で食べごたえがある一方、やわらかくて食べやすい。一度つゆに沈めて、だしの香りをまとわせてから食べるのがオススメだ。

実食Check

☐ **きざみそば**
400円

味付けをしていない油揚げを細く刻んでトッピングする、近畿エリア特有のメニュー。フワフワ食感の刻み揚げはだしをたっぷり吸いこんで、香りのハーモニーを存分に楽しませてくれる。

南海そば

大阪の中心部に4店舗を展開する、南海電鉄系の駅そば。濃縮タイプのだしは使わず、カツオやウルメなどのだしを店内で手仕込みする。自然な風合いで、なおかつ香り豊かで、うまいと評判だ。麺はそば、うどん、黄そば（中華麺）の3種類から選べる。

Information

なんば2階店

営 7:00 ～ 21:40　休 無休

TEL 070-5664-5147

※営業時間は店舗により異なる

IC決済可能

2階改札内の南寄りに位置するなんば2階店は、椅子席を擁する。間口が広く、出入りしやすい造り。サッと食べてパッと出るのに好適だ。

主なメニュー ☑

- ☐ かけそば・うどん　300円
- ☐ きざみそば・うどん　400円
- ☐ 昆布そば・うどん　400円
- ☐ イカ天そば・うどん　500円
- ☐ えび天ぷらそば・うどん　500円
- ☐ 肉そば・うどん　500円
- ☐ カレーそば・うどん　460円
- ☐ スペシャルそば・うどん　580円

ココでも食べられる！

なんば駅（2店舗）、
新今宮駅、天王寺駅
※4店舗

実食Check

スペシャルそば

580円

エビ天、刻み揚げ、おぼろ昆布、生卵をトッピングした豪華な一杯にして、リーズナブル価格。圧倒的なコストパフォーマンスを誇る。複数のトッピングを組み合わせてカタカナのメニュー名を冠するのは、関西に多く見られる特徴だ。

実食Check

たぬきそば

400円

甘辛く味付けをした油揚げのトッピングで、全国的には「きつねそば」と呼ばれるもの。煮汁がだしにしみていく過程で、だしの風合いが少しずつ変化していくのも楽しい。

実食Check

昆布そば

400円

近畿以西の駅そばでよく見かけるメニュー。昆布を線状に削ったとろろ昆布を使う店が多いなか、「南海そば」では面状に削ったおぼろ昆布を使う。上品な香りだけでなく、食感も楽しめる。

阪急電鉄

大《おお》阪《さか》梅《うめ》田《だ》駅ほか

実食Check ☐

かけそば
370円

麺とつゆの風味をシンプルに楽しむならこれ！「阪急そば」時代よりも存在感を増したカツオなどのだしが、そば粉3割の生そばにマッチする。両者の間に堅牢な橋を渡す少量の天かすは、この上ない名脇役だ。

実食Check ☐

ポテそば
580円

「阪急そば」時代の2014年に発売され一世風靡した名物メニューは、「若菜そば」にも受け継がれている。フライドポテトの香ばしさとほどよい塩加減が、だしの香りに意外とマッチして箸が止まらなくなる。

若菜そば

かつて阪急沿線に展開していた電鉄系駅そば「阪急そば」が、2019（平成31）年4月に平野屋へ事業譲渡され、「若菜そば」に生まれ変わった。「阪急そば」時代の人気トッピングなどを受け継ぐかたわら、麺やだしは自社スタイルに刷新。ワンランク上の駅そばを目指している。

Information

阪急梅田三階店

営 7:00 ～ 22:00　休 無休

TEL 06-6375-7751

※営業時間は店舗により異なる

IC決済可能

主なメニュー ☑

- ☐ かけそば・うどん　370円
- ☐ わかめそば・うどん　470円
- ☐ 月見そば・うどん　470円
- ☐ かき揚げそば・うどん　580円
- ☐ きつねそば・うどん　500円
- ☐ 海老天そば・うどん　600円
- ☐ たまごとじそば・うどん　530円
- ☐ カレーそば・うどん　650円
- ☐ かすそば・うどん　800円

かすうどん

実食Check □

800円

牛の小腸をカリカリに揚げた油かすをトッピングする、大阪府南河内地方発祥のご当地メニュー。強烈な獣臭さがあるので好き嫌いが分かれがちだが、好きな人は思いっきりハマる。写真はうどんだが、そば、にゅうめんにも対応。

ぶっかけおろしそば

実食Check □

500円

冷水で締めた生そばは、歯ごたえが強調される冷やしメニューでも真価を発揮。ぶっかけおろしそばは、大根おろし、カイワレ、花カツオにスダチをトッピングし、爽やかな味わいに仕上げている。

右上／店内には椅子席多数あり。ファミリーでも入りやすい雰囲気だ。下／阪急十三店は、ホームに建つ島式店舗。関西私鉄最古の駅そばとして親しまれた「阪急そば 十三店」の建物を受け継ぐ。

ココでも食べられる！

十三駅、梅田駅（2店舗）、西宮北口駅、南千里駅、西京極駅、東向日駅、茨木市駅、上新庄駅、武庫之荘駅、池田駅、石橋駅 ※12店舗

JR西日本

新《しん》大《おお》阪《さか》駅ほか

実食Check ☐

カレーうどん

520円

「麺家」のスタンダードメニュー。カレーは自家製で、コクがあると評判だ。

鶏天そば

実食Check ☐

580円

「麺家」の一番人気メニュー。カラッと揚げた鶏の天ぷらと、カマボコ、ネギがのる。つゆは、関西風のやや甘口のだし。

実食Check ☐

冬のかき揚げそば

530円

「麺家」の季節メニューの一つ。さといも、かにかま、ごぼう、たまねぎ、にんじん、いんげん豆の天ぷらをのせ、冬らしさを演出。

季節限定

お店はココ！

新大阪駅、大阪駅、京都駅、天王寺駅、京橋駅、鶴橋駅、高槻駅、三ノ宮駅など ※20店舗

麺家

JR西日本グループのジェイアール西日本フードサービスネットが、JR西日本管内を中心に展開する駅そば店。うどん・そばのメニューに加えて、丼・カレー・定食とメニューがあり、エキナカの食堂といった感覚で利用できる。天ぷらは、店内で揚げたもの。

Information

麺家新大阪上り（JR新大阪駅）

営 7:00 ～ 22:00　休 無休

TEL 06-4805-7328

※店舗により異なる

IC決済可能

新大阪駅の在来線ホームにある店舗。入口脇には、写真付きのメニュー表示がある。

主なメニュー

- ☐ 鶏天そば・うどん 580円
- ☐ カレーそば・うどん 520円
- ☐ かき揚げそば・うどん 530円
- ☐ 鶏天カレーそば・うどん 650円
- ☐ 海老天ぷらそば・うどん 600円
- ☐ 肉そば・うどん 580円
- ☐ きざみそば・うどん 420円
- ☐ 鶏天定食 660円
- ☐ 朝定食 420円

※価格は2025年3月以降のもの

近畿日本鉄道

鶴《つる》橋《はし》駅ほか

実食Check

肉そば 720円

店内でじっくり炊き上げた牛肉がのる。肉の旨みがそばつゆに溶け込み、より味わい深くなる。

実食Check

月見伊勢うどん 720円

三重県の名物うどんを駅構内で手軽に食べられる。極太麺と甘辛いタレは三重県より取り寄せている。

大阪上本町駅地下2階にある「粋麺あみ乃や」上本町駅店。近鉄百貨店上本町店入口前にあり、2024年9月にリニューアルした。

ココでも食べられる！

大阪難波、大和西大寺、鶴橋、大阪阿部野橋、大阪上本町

※5店舗

粋麺あみ乃や

近畿日本鉄道（近鉄）グループの近鉄リテーリングが、2020年より同鉄道沿線で展開する駅そば店。「上質でおいしい立ち食い麺類店」をコンセプトに、そばとうどんでつゆを別に作っているのが最大の特徴。

主なメニュー

- □ 三角きつねそば・うどん 580円
- □ 肉そば・うどん 720円
- □ かけそば・うどん 380円
- □ 丸天そば・うどん 520円
- □ 月見そば・うどん 520円
- □ きざみそば・うどん 520円
- □ 伊勢うどん 580円
- □ かけラーメン 420円
- □ かけ塩ラーメン 420円
- □ かけ豚骨ラーメン 480円

Information

粋麺あみ乃や上本町駅店

営 7:00～21:00　休 無休

TEL 06-6772-4501

IC決済可能

京阪電気鉄道

寝《ね》屋《や》川《がわ》市《し》駅ほか

ざるそば

実食Check ☐

410円

4～10月に限定販売されるシーズンメニュー。暑い季節にぴったりの、さっぱりした味わい。

実食Check ☐

天ぷらうどんセット

650円 おにぎり2個と天ぷらうどんのセット。天ぷらの中央にエビがある。

実食Check ☐

きつねうどん

440円

全店舗で一番人気のメニュー。甘めで大きいきつねあげとだしとの相性が抜群。

にしんそば

実食Check ☐

770円

特大にしんをのせた個性派メニュー。関西ではにしんそばがよく食される。中書島・丹波橋店限定。

麺座

京阪電気鉄道の駅構内を中心に展開する駅そば店で、京阪グループの「びわこフードサービス」が運営している。330円のかけうどん・そばからボリューム満点の定食まで幅広いメニューを取り揃え、店舗ごとにオリジナルメニューがあるのが興味深い。

Information

麺座寝屋川店

営 7:00～20:00 休 無休

TEL 072-801-2371

IC決済可能

「麺座」丹波橋店。改札横にあり、改札内・改札外からのいずれからも利用が可能。ほか2店舗は、改札内にある。

お店はココ！

丹波橋駅、中書島駅、寝屋川市駅 ※3店舗

主なメニュー

- ☐ きつねそば・うどん 440円
- ☐ 天ぷらうどん・そば 440円
- ☐ かきあげそば・うどん 500円
- ☐ かけそば・うどん 330円
- ☐ わかめそば・うどん 420円
- ☐ とろろ昆布そば・うどん 420円
- ☐ 肉そば・うどん 600円
- ☐ きざみそば・うどん 440円

山陽電気鉄道

山《さん》陽《よう》明《あか》石《し》駅ほか

実食Check ☐

鴨南蛮そば
580円

スライスした鴨肉に、天かす、刻み揚げ、白ネギがのる。鴨肉の脂がだしに染み出し濃厚な味わいになる。

実食Check ☐

ぼっかけうどん
660円

神戸のソウルフード「ぼっかけ」をそばの上にドンとのせる。よく煮込まれた甘辛い味付けのぼっかけは、だしやうどんとの相性が抜群。

改札の外、少し奥まった場所にある明石店は、立ち食い専門店。豚ももチャーシュー丼とそばのセットなど、ボリュームある定食メニューも人気だ。

主なメニュー

- ☐ 天ぷらそば・うどん　410円
- ☐ きざみそば・うどん　390円
- ☐ 天かすそば・うどん　380円
- ☐ 得々（天ぷら・あげ）そば・うどん　510円
- ☐ きつねうどん・そば　400円
- ☐ 月見そば・うどん　390円
- ☐ 山菜そば・うどん　450円

山陽そば

山陽電気鉄道グループの「大阪山陽タクシー会社」が運営する駅そば。ウルメのさわやかな風味が効いた自慢のだしで、常連客の心をわしづかみにする。関西定番のきつね、天ぷら、月見を中心に、ボリュームある定食まで幅広く提供する。店舗は基本的に駅構内だが、地下駅にある板宿店のみ駅外にある。

Information

山陽明石店

営 7:00 ～ 20:30
（日曜・祝日は9:00 ～ 20:00）
休 無休　TEL 078-918-0254

現金のみ

ココでも食べられる！

山陽明石駅、
山陽垂水駅、板宿駅
※3店舗

西日本鉄道

西《にし》鉄《てつ》福《ふく》岡《おか》(天《てん》神《じん》)駅ほか

実食Check ☐

名物！ 博多やりうどん

880円

槍に見立てた長さ約32cmのごぼう天と、博多名物の丸天（魚の練り物を丸い形で揚げたもの）がのる。ふっくらでモチモチ感のうどんと、長崎産の焙煎焼アゴ等、九州の厳選素材を使用したつゆとの相性もよい。

実食Check ☐

白いカレーうどん

950円

うどんの表面を覆っているのは、マッシュポテトと生クリームのホイップ。その下には、スパイシーなカレーうどんがかくされていて、クリームと絡めて食べると味がまろやかになる。

天下三槍うどん

実食Check ☐

880円

ごぼう天を3本使い、天下三名槍の「日本号」「御手杵（おてぎね）」「蜻蛉切（とんぼきり）」を表現。風味見た目のインパクトも大。

「博多やりうどん」福岡店。西鉄福岡駅の改札を出てすぐにある。

実食Check ☐

牛肉うどん 860円

甘辛く煮た牛肉をトッピング。牛肉の旨みがスープに染みわたる。福岡店の人気ナンバーワンメニュー。

博多やりうどん

「やりうどん」のやりとは、福岡藩黒田家の家臣が所持していた天下三名槍のひとつ「日本号」に由来する。店名を冠した「博多やりうどん」は看板メニューで、槍に見立てたごぼう天がのる。西鉄福岡（天神）駅と西鉄久留米など3店舗があり、各店舗独自の限定メニューも魅力。

Information

福岡店

営 7:30 ～ 21:00（平日）／ 7:30 ～ 21:00（土曜）／ 8:30 ～ 21:00（日曜） 休 無休

TEL 092-716-2323

※営業時間は店舗により異なる

IC決済可能

ココでも食べられる！

西鉄福岡（天神）駅、久留米駅

※「博多やりうどん別邸 空港店」を含めて3店舗

主なメニュー ※福岡店の価格

- ☐ごぼ天そば・うどん 720円
- ☐きつねそば・うどん 600円
- ☐丸天そば・うどん 660円
- ☐牛肉そば・うどん 860円
- ☐大海老そば・うどん 910円
- ☐博多やりそば・うどん 880円
- ☐天下三槍そば・うどん 880円
- ☐牛肉ごぼ天そば・うどん 910円
- ☐ざるそば・うどん 690円

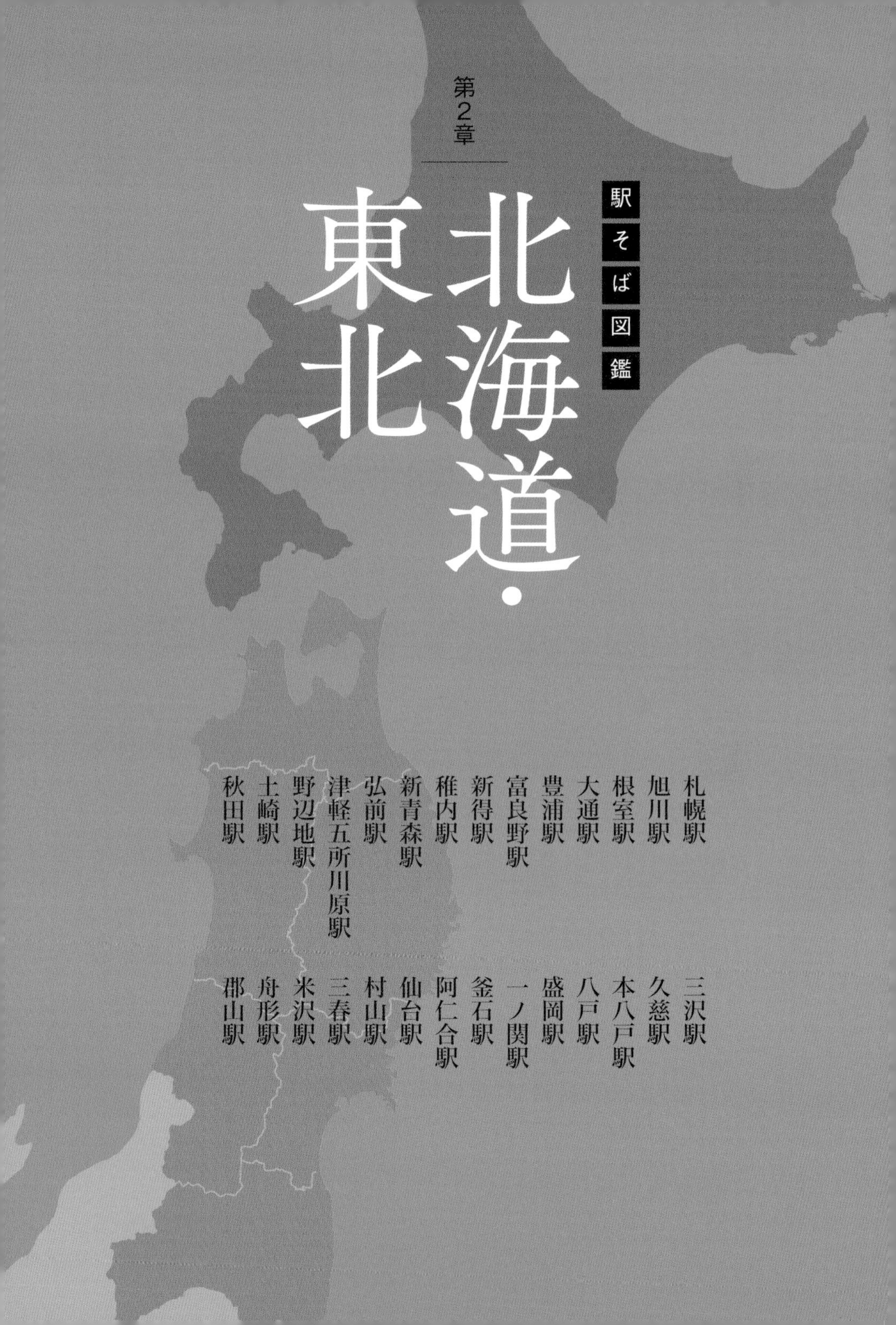

第2章

駅そば図鑑

北海道・東北

札幌駅
旭川駅
根室駅
大通駅
豊浦駅
富良野駅
新得駅
稚内駅
新青森駅
弘前駅
津軽五所川原駅
野辺地駅
土崎駅
秋田駅

三沢駅
久慈駅
本八戸駅
八戸駅
盛岡駅
一ノ関駅
釜石駅
阿仁合駅
仙台駅
村山駅
三春駅
米沢駅
舟形駅
郡山駅

JR北海道—函館本線ほか

札《さつ》幌《ぽろ》駅

実食Check □

にしんそば 600円

かつてニシン漁で栄えた北海道の名物料理。干物にした身欠きニシンを甘露煮にしてそばの上にトッピングしたもの。ニシンの旨みが、そばつゆに溶け込む。

LONG SELLER ロングセラー

実食Check □

天ぷらそば 540円

薄切りの玉ねぎメインの天ぷらとネギがのる。そばは太めで、つゆは濃厚。東日本の駅そばのスタンダードといえるだろう。

そば処 弁菜亭《べんさいてい》

1899（明治32）年創業の老舗で、駅弁を製造・販売している札幌駅立売商会が運営している。5・6番線と7・8番線のホームに1店舗ずつあり、長距離列車の乗客らの腹ごしらえに最適。昔ながらのホーム上にある吹きさらし型店舗が懐かしい。

Information

営 6:50 ～ 19:30　休 無休

TEL 011-213-5080

現金のみ

ホームの店舗は、鮮やかなオレンジ色の塗装が目を引く。駅弁の販売コーナーを併設する。

主なメニュー

- □ かけそば・うどん 360円
- □ きつねそば・うどん 440円
- □ 山菜そば・うどん 490円
- □ 天ぷらそば・うどん 540円
- □ にしんそば・うどん 600円

JR北海道 函館本線ほか 旭《あさひ》川《かわ》駅

実食Check

かしわそば

680円

幌加内産のやや黒みが強いそばの上に、北海道名物かしわ肉（鶏肉）とネギをトッピング。かしわ肉は、オリジナルのタレを塗って表面をあぶり、香ばしさが引き出されている。

改札外のコンコースで営業。駅弁の販売所を併設している。

旭川駅構内コンコース売店

ガラス張りの近代的デザインの駅舎内コンコースにある立ち食いそば店。駅弁を製造・販売する旭川駅立売商会が運営し、幌加内産そばを提供する。店内は立食用のカウンターのみだが、コンコースのイスを利用することもできる。店内で握ったおにぎりも人気。

Information

営 8:00 ～ 18:00

休 無休（年末年始をのぞく）

TEL 080-6067-4023

現金のみ

JR北海道 函館本線ほか 旭《あさひ》川《かわ》駅

実食Check

えびかきあげそば

640円

旭川市内にあるそばの名産地・江丹別のそば粉を使用。つゆはこだわりの自家製で、野菜とエビを入れたかき揚げと絡めて食べると、味わいが増す。

実食Check

正油ラーメン

640円

旭川ラーメンの定番・正油ベースの澄んだスープが縮れ麺に絡む。ネギ、チャーシュー、メンマ、ほうれん草をトッピング。

食券を購入したら、カウンターの従業員へ。店内はテーブル席のみ。

駅ナカ食堂 なの花

駅構内の観光物産情報センター内で営業。旭川郊外の江丹別産の江丹別そばを提供するが、“駅ナカ食堂”と銘打っているだけあって、ラーメンや焼きそばなどメニューが充実している。旭川ラーメンを手軽で素早く味わえるので、利用価値が高い。

Information

営 10:00 ～ 18:30　休 無休

TEL 0166-24-2552

IC決済可能

JR北海道 ― 根室本線

根《ね》室《むろ》駅

実食Check

☐

かに玉とじそば 1,480円

根室特産・花咲ガニのむき身が入ったぜいたくな一品。自前の畑で自家栽培した摩周そばを使った手打ち麺は、そば本来のコリコリ、モチモチした食感を楽しめる。

実食Check

☐

さんまそば 900円

にしんそばをヒントに店主が考案したオリジナルメニュー。水揚げ量日本一を誇る根室のサンマを使用し、サンマの旨味がそばつゆと合わさって絶妙な味わいに。

花さき そば処 北然仁《ぼくねんじん》

駅のすぐ横にあるそば屋。本物志向の強い店主は、そばの名産地・弟子屈《てしかが》町に自前の畑を持ち、自家栽培のそば粉（摩周そば）を使った手打ちそばを提供している。「水はけのよい傾斜地」「土壌」「昼夜の寒暖差」という、そば栽培の三要素を満たす良質な土地で生まれたそばは、絶品だ。

Information

営 11:00 ～ 19:00

休 火曜 ※観光シーズンは火曜営業で不定休

TEL 0153-24-6338

現金のみ

店舗は、根室駅と一体構造になっている。店舗入り口は向かって左側、駅の出入り口は右側にある。

主なメニュー

- ☐ かけそば 680円
- ☐ かしわそば 860円
- ☐ かき揚げそば 880円
- ☐ さんまそば 900円
- ☐ かに玉とじそば 1,480円
- ☐ かにちらしそば 1,700円

大《おお》通《どおり》駅

札幌市営地下鉄―南北線、東西線、東豊線

天玉そば

実食Check

470円

玉ねぎ、ニンジン、春菊のかき揚げに、玉子をトッピング。つゆの色は濃いが、塩気は控えめ。

札幌市営地下鉄大通駅と直結した「日の出ビル」の地下2階にある。昔ながらの風情が感じられる立ち食いそば屋だ。

ひのでそば

オフィスビルや商業施設が建ち並ぶ札幌の中心部に位置する地下鉄大通駅。その南改札を出てすぐの好立地にある「ひので」は、1971（昭和46）年創業で、多い時には1日1000人が訪れるという。そばのだしの香りが、地下にある店舗から地上出口まで漂う。

Information

営 7:00～21:30　休 無休

TEL なし

現金のみ

豊《とよ》浦《うら》駅

JR北海道―室蘭本線

天ざる

実食Check

1,000円

エビや野菜を揚げた衣サクサクのてんぷらと、風味豊かなそばのコンビネーション。そばつゆは濃いめで提供され、好みに合わせて薄めて調整する。

JR豊浦駅に併設し、駅と一体化した構造になっている。

ワークランドかっこう出張所食堂

駅に併設する社会福祉法人「ワークランドかっこう」が障がい者の就労支援として運営し、そば、うどん、丼物、カレーライスなどを提供する。併設する売店では同法人で製造したパンや農産物を販売、鉄道ファンの間で“秘境駅”として人気の小《こ》幌《ぼろ》駅グッズなども取り揃える。

Information

営 10:30～14:00

休 土曜・日曜・祝日

TEL 0142-83-3003

現金のみ

富《ふ》良《ら》野《の》駅

JR北海道 根室本線・富良野線

実食Check

天ぷらそば

450円

サクッとしたまん丸のかき揚げと、ネギ、干しエビがのる。濃口のつゆは素朴で、ほんのりと甘みも漂う。地元・佐々木製麺所の麺は太めで、食べごたえがある。

昔ながらの佇まいの店舗は、駅そばファンにはたまらない。「圭子ちゃんの店」の暖簾が目を引く。

Information

営 8:00 ～ 18:00
休 不定休　TEL --

現金のみ

駅の立喰 圭子ちゃんの店

駅の待合室で営業している店舗。そば・うどんだけでなく、おにぎりも提供している。カウンターのみで座席はないが、待合室内のイスを利用することもできる。気さくな女性店主とつゆの香りに癒される。

新《しん》得《とく》駅

JR北海道 根室本線・石勝線

実食Check

かしわそば

470円

北海道や九州などの一部地域では、鶏肉を“かしわ”と呼ぶ。しょうゆベースの味つけがなされた鶏のむね肉がのり、その旨みがそばつゆに調和する。

改札内・改札外のいずれからでも利用できる。写真は、改札外にある待合室側の店舗入り口。

Information

営 10:00 ～ 16:30　休 第1・第3水曜日　TEL 0156-64-5450

現金のみ

駅そば せきぐち

日本有数のそばの産地として知られる北海道・新得町にある駅そば。駅前にある新得そばの名店「そば処 せきぐち」が経営し、そばを殻ごと全挽きにし、手打ちで太麺に仕立てている。風味抜群のそばは、駅そば随一のレベルだ。

日本一の駅そばと称された音《おと》威《い》子《ねっ》府《ぷ》そば

まるでイカ墨を練り込んだかのような漆黒の麺に、独特の強い香り、そして力強いコシ——北海道・音威子府村の「音威子府そば」は、これらの特徴で全国的に注目を集めていた。特に鉄道ファンにとっては、JR音威子府駅構内の「常盤軒」で提供されていたことで知られ、「日本一の駅そば」とも称された。

しかし2021（令和3）年、店主の死去により「常盤軒」は惜しまれつつも閉店。地元の製麺所も廃業し、音威子府そばは一時、幻のそばとなっていた。その後、首都圏の飲食店店主らがその再現に乗り出し、「新音威子府そば」が開発され、現在はインターネットで購入できるようになった。

音威子府駅「常盤軒」の天ぷらそば（写真／鈴木弘毅）。

JR北海道 — 宗谷本線 稚《わっか》内《ない》駅

昆布うどん

実食Check □

600円

利尻昆布を削ったおぼろ昆布をたっぷりのせ、ナルト、ネギが入る。利尻昆布の適度な塩味と、上品なだしをぜひ味わいたい。

カウンターテーブルを備えた立ち食いコーナーがあるので、時間がないときにはうれしい。

Information

営 10:00 ～ 18:00
休 不定休
TEL 0162-22-9702

現金のみ

ふじ田

稚内駅に隣接する複合施設「キタカラ」の1階にある食事処で、丼物、麺類など幅広いメニューを取り揃える。テーブル席や座敷を備えた通常の飲食店だが、そば・うどんを提供する立ち食いコーナーを併設している。

JR東日本
北海道・東北新幹線ほか

新《しん》青《あお》森《もり》駅

実食Check

青森ホタテ磯のりそば 800円

「そば処ブナの森」の人気1位のメニューで、青森県産のホタテと、岩手県産の磯のりが彩る。"青森らしい新商品"をイメージして開発され、それ以前は同店でトッピングに用いたことのないホタテボイルを大胆に配した。2020（令和2）年10月頃から提供している。

そば処ブナの森

北海道・東北新幹線が発着する新青森駅、その新幹線改札内にあるそば屋。青森県にちなんだご当地メニューを提供しており、新幹線・在来線の乗り換え時などに利用できるので便利だ。

新青森駅の新幹線改札内にある。店舗前には、オススメメニューが掲示されている。

Information

営 7:00 ～ 18:00
休 無休
TEL 017-761-1608

IC決済可能

JR東日本
奥羽本線

弘《ひろ》前《さき》駅

天玉そば 650円

丸いかき揚げとシャキシャキのネギをのせ、生玉子が浮かぶ。そばのメニューはすべて、地元名物の津軽そばで、素麺のように白みが強く、箸で持ち上げると切れてしまうほど柔らかい。

実食Check

にしんそば 790円

実食Check

甘めに味付けされた身欠きニシンをのせた一杯で、ニシンの旨みがたまらない。津軽地方では昔から、酒の肴などとしてニシンが食されてきた。

弘前駅・そば処

津軽地方の中核都市・弘前の玄関駅の駅ビル内にあるそば処。江戸時代から津軽地方に伝わる「津軽そば」というご当地そばを、気軽に味わえる。そば・うどん3玉とつゆがセットになった「持ち帰りセット」（1,200円～）も販売している。

駅ビル「アプリーズ」の1階で営業。入り口横に、写真付きでメニューを掲げている。

Information

営 7:00 ～ 19:00　休 不定休
TEL 0172-32-1358

現金のみ

津軽鉄道 — 津軽鉄道線

津《つ》軽《がる》五《ご》所《しょ》川《がわ》原《ら》駅

ぼんじゅそば

650円

実食Check

奥津軽の津軽そばの伝統をベースに、竹鼻製麺所独自の製法で作られた熟成麺のご当地そば。煮干しベースのつゆとの相性が抜群で、そば本来の優しい風味をよく引き出している。

津鉄汁

600円

実食Check

地元食材100%の「でる・そーれ」のオリジナルメニュー。津軽鉄道線の沿線で育てられた青森シャモロックや、特産の根菜、舞茸がたっぷりで、津軽の恵みを凝縮した“新郷土料理”だ。

店舗は、津軽鉄道社屋の1階の地域交流施設「サン・じゃらっと」内にある。店内では、オリジナルの加工食品や地元の工芸品なども販売。

でる・そーれ

津軽平野を走る津軽鉄道の起点・津軽五所川原駅前の飲食店で、津軽鉄道社屋の1階にある。看板メニューの「ぼんじゅそば」は、五所川原の竹鼻製麺所という老舗製麺所の熟成麺を用いたご当地そばで、梵珠山の地下水で作られている。

Information

営 10:00 ～ 16:00　休 第1・3日曜日（臨時休業日あり）

TEL 0173-34-3971

IC決済可能

主なメニュー

- ぼんじゅそば（冷・温） 650円
- ぼんじゅそばセット 900円
- カレー南蛮そば 800円
- 津鉄汁 600円
- 中華そば 750円
- 若生おにぎりセット 1,200円

野《の》辺《へ》地《じ》駅

青い森鉄道｜青い森鉄道線ほか

実食Check

たぬきそば

430円

不揃いな揚げ玉に、紅白のかまぼことネギが彩りを添える一杯。淡い色のつゆは、毎日丁寧にだしを取っており、甘みもある。揚げ物も手作りで提供している。

改札を出てすぐの待合室で営業している。

Information

営 8:30 ～ 14:00

休 無休　TEL –

現金のみ

駅そばパクパク

青い森鉄道とJR大湊線が接続する野辺地駅の駅そば。そば・うどんのラインナップは豊富で、おにぎりや日替わりのサイドメニューも充実している。もともと営業していた駅そば店が撤退したことを受け、現経営者が引き継ぐ形で2014（平成26）年に「駅そばパクパク」をオープンさせた。

土《つち》崎《ざき》駅

JR東日本｜奥羽本線・男鹿線

実食Check

天ぷらそば

500円

ほんのり甘い、やさしい味わいのつゆが特徴。太めの麺の上に、タマネギやニンジンなどが入った厚めのかき揚げ、その中央にカマボコがのる。

「港ばやし」の青い暖簾が目印。手前には、かつて奥羽本線などを走っていたキハ40系の4人掛けボックスシートが配置されている。

Information

営 7:00 ～ 14:30　休 無休

TEL 018-846-8421

現金のみ

そば処 港ばやし

秋田市北部の港町・土崎の玄関駅である土崎駅待合室にある、昔ながらの立ち食い式の駅そば店。そば・うどんのほかに、ラーメン、おにぎりも取り揃える。店名は、ユネスコの無形文化遺産に登録されている土崎の祭り「土崎港曳山まつり」にちなむ。

ぎばさそば
660円

ぎばさは、秋田で古くから食される海藻。食物繊維たっぷりのヘルシーメニューで、磯の香りも魅力。温かいそば・冷たいそばが選べる。

実食Check

秋《あき》田《た》駅

JR東日本 奥羽本線・羽越本線ほか

駅そば しらかみ庵

秋田駅2階の中央改札を出てすぐの駅そば店で、駅弁などの製造・販売を行う「関根屋」が運営している。そば、うどん、ラーメンを取り揃え、地元食材を用いたメニューが充実しており、秋田名物の「稲庭うどん」も味わえる。店内は広く、カウンター席とテーブル席がある。

Information

営 7:00 ～ 20:00
休 不定休
TEL 018-825-9540

IC決済可能

実食Check

秋田のしらかみネギそば 500円

「しらかみ庵」の人気商品。秋田県北部で生産された白神ネギがたっぷり。そばつゆに浸して味わいたい。

秋田杉を使った店舗外観。待合ラウンジに直結していて便利だ。

主なメニュー

- □ 山菜そば 470円
- □ とろろそば 520円
- □ ぎばさそば 660円
- □ 白神ネギそば 500円
- □ そば屋のラーメン 450円
- □ 稲庭「生」うどん（温・冷）900円

青い森鉄道｜青い森鉄道線

三《み》沢《さわ》駅

LONG SELLER ロングセラー

実食Check

スペシャルそば

550円

三沢の丸美屋製麺所のそばに、天ぷら、山菜、生玉子をところ狭しと並べたボリューム満点の一杯。旧駅時代の「三沢駅食堂」から続く、三沢のソウルフードともいえる人気商品だ。

店舗は、青い森鉄道三沢駅に接続している交流施設「みーくる」の1階。席数は、テーブル席、カウンター席合わせて約20席。

とうてつ駅そば 三沢駅前店

長年親しまれてきたものの、旧駅舎解体で営業終了した「三沢駅食堂（愛称・とうてつ駅そば）」。その伝統を受け継ぐ駅そば店で、2020（令和2）年に旧駅跡にある交流施設「みーくる」内でオープンした。

Information

営 7:00～19:00
休 無休
TEL 0176-52-3100

現金のみ

三陸鉄道｜リアス線

久《く》慈《じ》駅

実食Check

ほたてそば

650円

大粒のホタテが目を引く三陸らしい人気メニュー。噛むとホタテの風味が口いっぱいに広がる。

店舗は、三陸鉄道久慈駅の構内にある。名物駅弁「うに弁当」（1日20食限定／2,500円）を販売することでも有名だ。

三陸リアス亭

2013（平成25）年度放映のNHK連ドラ「あまちゃん」のロケ地として人気となった三陸鉄道。その久慈駅の構内にある三陸リアス亭では、「ホタテそば」や「めかぶそば」（570円）など三陸らしいメニューを手頃な価格で提供している。

Information

営 7:00～16:30　休 不定休
TEL 0194-52-7310

現金のみ

本《ほん》八《はち》戸《のへ》駅

JR東日本 ― 八戸線

煮干しラーメン

実食Check

670円

醤油ベースの煮干しなどでだしをとったスープは、あっさり風味で、縮れ麺と合う。具は、チャーシューにカマボコ、メンマ、海苔と、昔ながらのラーメンの雰囲気がある。

店舗は、JR本八戸駅に隣接する商業施設「シーガルタウン」の1階。店内は、座席を備えたコの字型カウンターのみ。

バルーン

そば・うどんだけでなく、ラーメンや定食メニューなども提供する食事処。人気ナンバーワンの「煮干しラーメン」は、煮干しだしが効いた八戸ラーメンのスタンダード商品。本八戸駅改札を出てすぐという好立地にある。

Information

営 7:40 ～ 10:00、11:00 ～ 14:00　休 不定休

TEL 0178-44-4858（代表）

IC決済可能

八《はち》戸《のへ》駅

JR東日本 ― 東北新幹線・八戸線ほか

めかぶそば

実食Check

600円

ネバネバ、コリコリの食感がたまらないめかぶをのせた三陸のご当地そば。ひと口含むと、磯の香りが広がり、そばつゆとの相性もよい。すりおろしの生姜が味のアクセントになる。

在来線改札口の脇という好立地にあり、改札内・改札外のいずれからも利用できる。

そば処はやて 八戸店

JR八戸線、青い森鉄道線の在来線改札口脇にある立ち食いそば店で、朝から通勤客らで賑わう。三陸の海の幸、めかぶをのせた「めかぶそば」や「三陸磯のりそば」（670円）に「三陸磯のりラーメン」（750円）と、ご当地メニューを提供しているのが見逃せない。

Information

営 9:00 ～ 18:00　休 無休

TEL 0178-27-1703

IC決済可能

JR東日本 ― 東北新幹線・東北本線・田沢湖線・山田線

盛《もり》岡《おか》駅

実食Check

三陸そば

620円

三陸地方でおなじみのめかぶをはじめ、わかめ、のりをトッピングし、風味豊かに仕上げた一杯。中央のかまぼこが彩りを添える。

実食Check

紅生姜かき揚げそば

560円

東北地方では珍しい紅生姜のかき揚げをトッピングした店の看板メニュー。紅生姜の味がアクセントになる。

実食Check

せいろそば

400円

麺はやや幅広でコシがあり、そば湯も用意されている。「ミニかき揚げ丼」などのミニ丼とセットで頼むのがオススメ。

盛岡駅の駅ビル「フェザン」おでんせ館の1階で営業している

Information

営 8:00 〜 20:30
(ラストオーダー 20:15)
休 年中無休
TEL 019-654-4520

現金のみ

そばの花

駅ビル「フェザン」にある立ち食いそばの店。1907(明治40)年創業の老舗そば店「東家」の系列店で、素材にこだわりながらもリーズナブルな価格で提供する。ゆがきたてのそば、揚げたて熱々の特製かきあげは、クオリティの高さに定評がある。

JR東日本 ― 東北新幹線・東北本線ほか

一《いち》ノ関《せき》駅

実食Check

鶏・金色揚げそば

630円

生姜醤油ベースのタレで漬け込み、金色に揚げたジューシーな若鶏と、厳選された国内産そばのコンビネーションが味わい深い。平泉・一関エリアの新たな名物メニューとして人気急上昇中。

改札を出てすぐ近くにある待合室で営業している。

Information

営 7:00 〜 18:00
休 不定休
TEL 0191-26-3000

IC決済可能

なの花

一関市の駅弁製造会社「斎藤松月堂」が営む飲食スタンド。そばのほか、カレーライスやラーメンや駅弁(同社製造)などを販売している。わかめとめかぶがのった「三陸そば」など、地域特産品が盛り込まれたメニューも提供する。

釜《かま》石《いし》駅

JR東日本　釜石線

実食Check ☐

釜石ラーメン 500円

※2025年4月から550円

コシのある「極細の縮れ麺」と「透き通った醤油味スープ」が特徴の名物メニュー。豚ガラのコクと魚介の風味がブレンドされたスープは濃厚な味わいで、思わず飲み干したくなる。

実食Check ☐

めかぶそば 500円

釜石名物、三陸産のめかぶがのった風味豊かなそば。たっぷりのめかぶと刻みネギがそばにのせられ、彩りを添える。

駅そば そば処釜石

待合室の中に設置されている立ち食い店舗。待合室の座席で座って食事を楽しむこともできる。ラーメンは醤油、味噌、海鮮、チャーシュー麺などメニューが充実している。ご当地フードとして名高い「釜石ラーメン」が一番人気だ。

駅の待合室の一角にある小さな店舗。カウンターテーブルの下に荷物入れがある。

Information

営 8:00～15:00

休 無休　TEL 0193-24-2671

IC決済可能

阿《あ》仁《に》合《あい》駅

秋田内陸縦貫鉄道　秋田内陸線

油そば 880円

実食Check ☐

ボリューミーな一杯。つるっとした中太麺に、厚切りのチャーシュー、たまごをのせ、たっぷりの刻み海苔とネギが豊かな風味をもたらし、ゴマが香ばしさを加える。

里山レストラン＆カフェ こぐま亭

東京の老舗洋食店で料理長を務めたシェフによる、本格的な洋食を提供。かつて鉱山のまちとして栄えた阿仁地域でおなじみ、馬肉を使った料理が用意されており、さらに数量限定や期間限定のメニューも目を引く。列車を眺められるトレインビューの座席もある。

阿仁合駅の駅舎内で営業。木材をふんだんに使った店内で、ゆったりすごしたい。

Information

営 レストラン11:00～14:00
（ラストオーダー13:45）

休 火曜・水曜

TEL 0186-82-3666

現金のみ

仙《せん》台《だい》駅

JR東日本
東北新幹線・東北本線・仙石線・仙山線

一番人気

実食Check ☐

鶏から揚げカレー南蛮うどん（ライス付）

550円

手のひら大の鶏モモ肉のから揚げ2つが目を引き、スパイシーなカレー風味が食欲をかき立てる。スープとライスの相性も抜群だ。

季節限定

実食Check ☐

揚げ茄子おろしそば 620円

揚げナス4枚に、ミョウガ、大根おろしをトッピングしたヘルシーメニュー。暑い夏にぴったり。

立ちそば処 杜《もり》

東北一のターミナル、仙台駅の2階にある立ち食いそば店で、駅弁や総菜の製造・販売を行う「こばやし」が運営する。「鶏から揚げカレー南蛮うどん（そば）」は、店内で揚げた鶏のから揚げをのせたインパクト抜群の一品。丼物とのセットや季節限定メニューも充実している。

Information

営 6:30 ～ 23:00　休 無休

TEL 022-715-2085

IC決済可能

仙台駅２階の中央改札口の脇にあり、改札内・改札外のいずれからも利用できる。

主なメニュー

- ☐ かけそば・うどん 390円
- ☐ かき揚げそば・うどん 490円
- ☐ 鶏から揚げそば・うどん 540円
- ☐ 鶏から揚げカレー南蛮そば・うどん（ライス付）640円
- ☐ ちくわ天そば・うどん 490円
- ☐ 大判きつねそば・うどん 490円
- ☐ カレーライス 520円

JR東日本
奥羽本線・山形新幹線

村《むら》山《やま》駅

一番人気

実食Check □

天ぷらそば
450円

愛亭の名物メニューで、玉ねぎ、ニンジンなど季節の野菜のかき揚げは、丼からはみ出すほどの大きさだ。麺は太くてシコシコで、甘めのつゆはだしが効いている。本格的な味が堪能でき、麺の量が多いのも特徴だ。

実食Check □

季節限定

山形のだしそば 700円

きゅうりやミョウガなどの夏野菜を細かく刻み、醤油で和えた山形の郷土料理「だし」をのせた冷たいそば。さっぱりした風味で夏にぴったりの味わい。

主なメニュー

- □ かけそば 500円
- □ 山菜そば 620円
- □ とろろそば 650円
- □ 天ぷらそば 650円
- □ 山形のだしそば（4月～10月）700円
- □ ひっぱりうどんセット（冬季限定）800円

観光物産館

山形盆地を中心とした村山地方は、最上川に育まれたそばの一大産地。その玄関口である村山駅にある「観光物産館」は、村山市観光物産協会が運営し、生そばを使用したメニューで人気だ。山形の郷土料理「だしそば（4～10月）」も味わうことができる。

Information

営 10:00～16:00
（そば類の提供は11:00～14:00）
休 無休
TEL 0237-52-5222

現金のみ

JR東日本 磐越東線

三《み》春《はる》駅

三春揚げそば・うどん

実食Check □

550円

三春名物の「三角揚げ」は、三角形の油揚げで、厚揚げのように分厚い。濃厚なそばのスープが染みわたり、ジューシーで旨みが増す。なお三角揚げは、一品料理としても提供している（煮付け100円、炙り200円）。

季節限定

三春そうめん

実食Check □

550円

江戸幕府への献上品として知られ、独特のコシの強さとなめらかな舌触りは、油を使わない手延べ製法によるもの。夏季限定。

ばんとうプラザ

日本三大桜の一つ、三春滝桜で知られる福島・三春。その玄関口・三春駅舎内にある「ばんとうプラザ」は、三春まちづくり公社が運営する施設で、地元特産品の販売などを行う。その一角には食堂スペースがあり、三春名物「三角揚げ」がのった「三春揚げそば」を味わいたい。

Information

営 11:00 ～ 15:00　休 年末年始

TEL 0247-62-8080

現金のみ

三春駅内にある「ばんとうプラザ」は、産直野菜や民芸品などの販売スペースと食堂がある三春観光の拠点施設。

主なメニュー

- □ かけそば・うどん 350円
- □ 天ぷらそば・うどん 470円
- □ 三春揚げそば・うどん 550円
- □ 醤油ラーメン 550円
- □ 三春そうめん（夏季限定）550円

※ラーメン、カレーセットで、小・中・高校生向けの学生料金あり

JR東日本 山形新幹線・奥羽本線・米坂線

米《よね》沢《ざわ》駅

実食Check □

山形のだしそば
560円

山形の郷土料理「だし」は、そばとの相性がバッチリで、ザクザク、ネバネバの独特の食感をもたらす。とくに、うだるような夏に味わいたい。

実食Check □

山形の冷しだしそば
580円

立ちそば処 鷹《たか》

山形の郷土料理「だし」は、ナスやキュウリなどの夏野菜を細かく刻み、かつおだしなどで味付けしたヘルシー料理。この店では、だしをツルツルのそばにのせた「山形のだしそば」や、米沢牛をふんだんにのせた「牛丼」などが味わえる。

Information

営 7:00 ～ 18:45　休 不定休
TEL 0238-22-1311

IC決済可能

実食Check □

米沢牛牛丼
1,300円

地元の米沢牛を甘辛く味付けしてご飯にふんだんにのせた、ちょっとぜいたくな牛丼。みそ汁、漬物付き。

米沢駅の改札を出てすぐ、待合スペースや観光案内所が並ぶ一角で営業する。

主なメニュー

- □ 天ぷらそば・うどん 530円
- □ 山菜そば・うどん 550円
- □ 山形のだしそば・うどん 560円
- □ 山形の冷しだしそば・うどん 580円
- □ 牛肉そば・うどん 980円
- □ 米沢牛牛丼 1,300円

舟《ふな》形《がた》駅

JR東日本　奥羽本線

鮎そば

実食Check

530円

舟形町を流れる小国川は、鮎の漁場として知られる。その地元特産の鮎の開きをどんとのせた、インパクト抜群の一杯。鮎は炙られていて、香ばしい。

店内は、フードコートのような雰囲気。

Information

営 食堂（そば・うどん）11:00～14:00、カフェ（ドリンク・スイーツ）9:00～16:30

休 水曜（食堂のみ）

TEL 0233-32-3302

現金のみ

舟形町観光物産センターめがみ えきcafé

JR舟形駅と直結している「舟形町観光物産センターめがみ」内で営業している飲食店。そば・うどんを提供する食堂、およびオリジナルスイーツなど軽食を扱うカフェからなる。そば・うどんのつゆは、だしからすべて手作り。

郡《こおり》山《やま》駅

JR東日本　東北本線・磐越西線ほか

とり天そば

実食Check

580円

店内で揚げたとり天は、こんがりと美しく、ほどよい柔らかさだ。ほんのり甘みもあるそばつゆと絡めて味わおう。

福豆屋は、超人気駅弁「海苔のりべん」の製造元としてもおなじみ。エキナカスタンド福豆屋の入り口の横に、駅弁の販売所（左）もある。

Information

営 9:00～19:00

休 エスパル郡山に準じる

TEL 024-935-0170

IC決済可能

エキナカスタンド福豆屋

郡山駅の在来線西口改札を出てすぐという好立地にある「気軽に立ち寄れる食堂」。そば、うどん、カレーなどメニューのラインナップは豊富。揚げ物は店内で揚げており、サクサクでおいしいと好評だ。

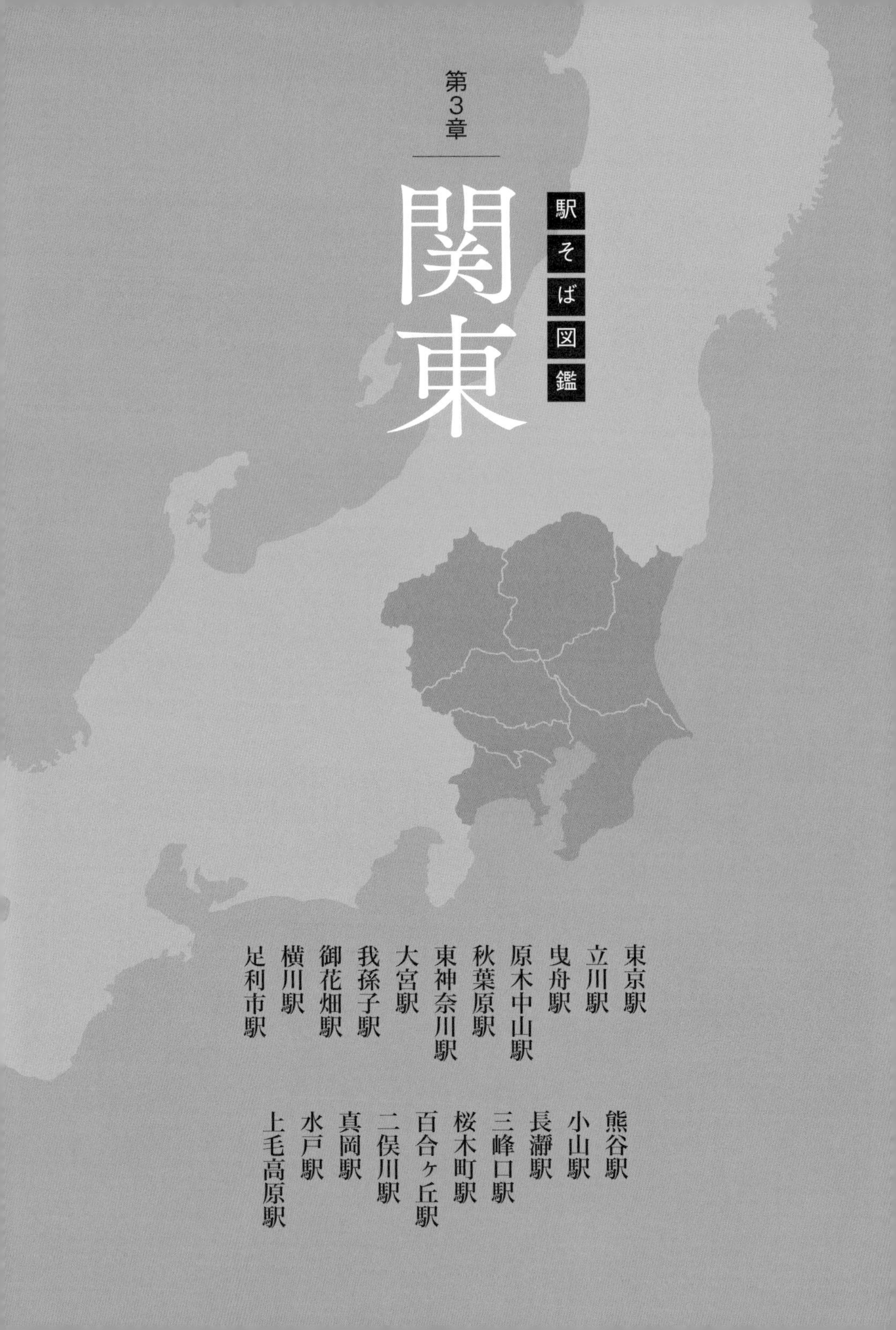

第3章 関東

駅そば図鑑

- 東京駅
- 立川駅
- 曳舟駅
- 原木中山駅
- 秋葉原駅
- 東神奈川駅
- 大宮駅
- 我孫子駅
- 御花畑駅
- 横川駅
- 足利市駅
- 熊谷駅
- 小山駅
- 長瀞駅
- 三峰口駅
- 桜木町駅
- 百合ヶ丘駅
- 二俣川駅
- 真岡駅
- 水戸駅
- 上毛高原駅

JR東日本 — 山手線・京浜東北線・中央線・東海道本線ほか

東《とう》京《きょう》駅

実食Check ☐

肉つけそば

1,080円

店舗イチオシメニュー。豚バラ肉と白ネギ、ノリをトッピングしたそばを、つけ汁に絡めていただく。かつお節とさば節をブレンドしたつけ汁はピリ辛風味で、セットの生玉子を投入して"味変"も楽しめる。そば湯が用意されているので、シメにはスープで味わおう。

実食Check ☐

から揚げそば

830円

からっと揚げたから揚げをトッピング。「温」「冷」が選べる。

蕎《そ》麦《ば》29《にく》東《とう》京《きょう》

東京駅の八重洲中央改札内に、2020（令和2）年3月にオープン。そば、肉、つけ汁にこだわった「肉そば」専門店で、ビジネスパーソンの利用を想定し、ボリューム満点のメニューをスピーディーに提供している。薬味（七味、胡椒、柚子）を使って自分好みの味を堪能しよう。

スタイリッシュな雰囲気で、女性でも利用しやすい。入り口横で食券を購入してから入店する。店内には立食用のカウンターテーブルのほかに、イス席も用意されている。

主なメニュー ☑

- ☐ 肉つけそば 1,080円
- ☐ から揚げそば（温・冷） 830円
- ☐ かけそば（温） 610円
- ☐ ぶっかけそば（冷） 610円

Information

営 7:00 ～ 22:00／土曜・日曜・祝日7:00 ～ 20:00

休 不定休

TEL 03-5843-2115

IC決済可能

立《たち》川《かわ》駅

JR東日本 | 中央本線・青梅線・南武線

LONG SELLER ロングセラー

おでんそば・うどん

実食Check □

540円

さつま揚げ、がんもどき2枚、玉子2個の3種類から選べる。がんもどき1枚と玉子1個の組み合わせも可能で、トッピングでさつま揚げ（200円）を追加した"全部のせ"もいいだろう。

JR立川駅の各ホームに店舗があり、どの店舗でも「おでんそば・うどん」を提供している。

清流そば・奥多摩そば

JR東日本系列の「清流そば」「奥多摩そば」があり、ともに立川駅限定で「おでんそば・うどん」を提供。もともと立川駅で立ち食いそば店を営業していた中村亭が考案したもので、運営母体が変わった現在でも"立川名物"として存続したのだ。チェーン店のひと言では語り尽くせない、駅そばの奥深さを表している。

Information

営 3・4番線7:00～21:30／5・6番線7:00～22:00／1・2番線7:00～21:00（土曜・日曜・祝日～20:00）
休 無休（1月1日をのぞく）
☏ 042-522-5899（1・2番線）／042-522-8730（3・4番線）／042-526-6076（5・6番線）

IC決済可能

主なメニュー

- □ ざるそば・うどん 390円
- □ かき揚げそば・うどん 470円
- □ ちくわ天そば・うどん 490円
- □ おでんそば・うどん 540円
- □ 鴨そば・うどん 580円

東武鉄道｜東武スカイツリーライン（伊勢崎線）ほか

曳《ひき》舟《ふね》駅

曳舟そば 780円

実食Check

だしが効いた自慢のつけ汁に豚バラが入った店舗の代表メニュー。冷たく締めた生そばとかつお節、刻み海苔のバランスが絶品だ。

冷し青たぬきそば 750円

実食Check

創作メニューの開発を積極的に進める曳舟そばの過去のヒット作の一つ。磯香る天かすもバランスよくそばに溶け込む、ボリューム感満点の一品。

立ち食い用カウンターのほかに、店内には座席も用意されている

Information

営 平日6:30～15:00／17:00～21:30　土曜・日曜・祝日8:00～15:00　休 無休

TEL 070-3854-3941

IC決済可能

曳舟そば

曳舟駅の改札内コンコースで、「揚げたてかき揚げ」と「ゆでたての生そば」をリーズナブルな価格で提供する。生たまごの無料提供サービスが好評だ。制限時間20分の飲み放題（780円）もあり、帰宅途中のサラリーマンに人気。

東京メトロ｜東西線

原《ばら》木《き》中《なか》山《やま》駅

いか天そば 510円

実食Check

大きないか天が目を引く。かつお節など数種類のだしから取ったつゆが、やや柔らかめに茹でられたそばに合う。いか天の上には、みじん切りのネギが添えられている。

原木中山駅の改札を抜けて、横断歩道を渡った先に店舗がある。店の前には、昔ながらの暖簾と白いボードのメニュー表がかかっている。

Information

営 6:30～16:30　休 木曜

TEL 047-328-7193

現金のみ

原木そば

地下鉄原木中山駅の高架下にあるショッピングセンター「原木中山メトログルメ・ショッピングセンター」にある立ち食いそば店。醤油ベースの関東風のつゆは、見た目ほど塩っぽくなく、抑えられている。1989（平成元）年創業とされ、趣のある店内は、どこかノスタルジーを覚える。

秋《あき》葉《は》原《ばら》駅

JR東日本 総武線・山手線・京浜東北線

実食Check

三種野菜天そば

580円

ゴボウ、ニンジン、春菊の3種の天ぷらと、ワカメ、ネギをトッピング。天ぷらはカラッと大きくて美しい。そばは生そばを使用している。

秋葉原駅のJR総武線（千葉方面）が発着する6番線ホームで営業。店内にはカウンターテーブルが配置され、イスがあるテーブルとイスのない立ち食いスペースがある。

新田毎《しんたごと》

秋葉原駅構内で50年以上営業を続ける駅そば店。そば・うどんだけでなく、丼物、カレーも取り揃える。店の人気メニューはそば・うどんではなく、「ステーキカレー」（1,100円※）。毎日実施のタイムサービス（6:30 ～ 9:30、14:30 ～ 17:00）、コロッケ・玉子入りそば（540円）が好評。

※火曜・木曜・土曜・日曜は特別価格840円

Information

営 6:30 ～ 23:15　休 無休

TEL 03-3255-4983

IC決済可能

東《ひがし》神《か》奈《な》川《がわ》駅

JR東日本 横浜線・京浜東北線

実食Check

あなご天そば

650円

器からはみ出るほどの、大きなあなご天をトッピング。その威容とふわふわ食感で、ファンが多い。早朝はまだ準備が済んでいなかったり、夜になると売り切れだったりすることもあるので注意しよう。

東神奈川駅の3・4番線ホームに店舗がある。立席用カウンターだけの、シンプルな店構えだ。

日栄軒《にちえいけん》

創業が1918（大正7）年と、100年以上の歴史をもつ駅そば界のレジェンド。創業の頃から変わらないという自家製のつゆが自慢だ。もともと駅を利用する肉体労働者のために塩分補給として味付けを濃いめにしたことが、その味付けのルーツなのだという。

Information

営 6:15 ～ 22:10（土曜・祝日は21:30まで）

休 日曜　TEL なし

現金のみ

大《おお》宮《みや》駅

JR東日本 — 東北新幹線・京浜東北線ほか

さいたまそば

実食Check

520円

埼玉特産のネギとさつまいもをミックスしたボリューム満点のかき揚げをトッピング。甘めのそばつゆと絡めて、埼玉の恵みを味わい尽くそう。

一番人気

当初は期間限定メニューとして「佐野ラーメン」が登場し、人気に押されてレギュラー化したメニュー。トロトロに煮込まれた自家製チャーシューをはじめ、海苔、味付たまご、ナルトなどトッピングが豊富だ。

スペシャル佐野ラーメン

実食Check

700円

豚丼 540円

実食Check

豚肉を店内でオリジナルの味付け作業をして提供。常連客の人気が高い。

京浜東北線が発着する1・2番線ホームに店を構え、40年以上営業しているという。

駅そば

埼玉県産の野菜をミックスしたかき揚げがのる「さいたまそば」や、栃木県佐野市のご当地グルメ「佐野ラーメン」と、大宮駅構内にひしめく駅そば店の中でも個性的なメニューを提供し、異彩を放つ。ファッションビルのルミネの系列会社が経営しているのも興味深い。

Information

営 7:00 ～ 21:00
休 無休（1月1日をのぞく）
TEL 048-645-3426

IC決済可能

主なメニュー

- □ さいたまそば・うどん 520円
- □ 天玉そば・うどん 570円
- □ かき揚げそば・うどん 480円
- □ 肉そば・うどん 540円
- □ スペシャル佐野ラーメン 700円
- □ 醤油ラーメン 570円
- □ 豚丼 540円

我《あ》孫《び》子《こ》駅

JR東日本
常磐線・成田線

実食Check

唐揚げ（2個）そば 660円

そばとしては極太の麺を、拳サイズの鶏の唐揚げが覆う。B級グルメとして全国的な知名度を誇る有名駅そばで、濃いめのそばつゆと絡めて食べるのがオススメだ。唐揚げ単品のみ、テイクアウト可。

実食Check

ちくわ天そば 410円

唐揚げだけでなく、ちくわも大きくておいしい。青のりの風味もほんのり感じる。

1928（昭和3）年創業の弥生軒が営業、我孫子駅ホームに2店舗を展開している。

弥生軒《やよいけん》

ジャンボ唐揚げがのった「唐揚げそば」は、駅そばファンならば知らぬ者はいないだろう。常磐線・成田線の接続駅とあって、乗り換え待ちでの利用も多い。夕方になると唐揚げが売り切れになることもあるので、要注意だ。かつて弥生軒では駅弁を製造・販売しており、その頃に画家・山下清が働いていた。

Information

弥生軒 6号店（1・2番線ホーム）

営 7:00 ～ 23:00（土曜7:00 ～ 21:00、日曜・祝日7:00 ～ 20:00）

休 無休　TEL 04-7182-1239

IC決済可能

ココでも食べられる！

天王台駅

主なメニュー

- □唐揚げ（1個）そば・うどん 490円
- □唐揚げ（2個）そば・うどん 660円
- □かけそば・うどん 320円
- □月見そば・うどん 370円
- □天ぷらそば・うどん 410円
- □唐揚げ 170円（1個）／340円（2個）

秩父鉄道―秩父本線

御《お》花《はな》畑《ばたけ》駅

実食Check

天ぷらそば 460円

大きなかき揚げをのせた、店の看板メニュー。かき揚げは店内で揚げており、玉ねぎやニンジンの甘みが広がる。醤油ベースの特製のつゆとかき揚げの相性が抜群だ。そばは、秩父の天然水で作る「せきた食品」の麺を使用している。

実食Check

きのこそば 480円

季節限定メニュー。たっぷりのきのこが入り、秋の味覚を存分に味わえる。きのこの素朴な旨みがつゆと絡み合い、深い味わいを引き出す。

ログハウス風の外観の店舗は、懐かしい雰囲気。

かき揚げなどの揚げ物は、すべて店内で調理している。大きなかき揚げは、20年勤めているベテランスタッフが手掛けている。

主なメニュー

- □ たぬきそば・うどん 420円
- □ 月見そば・うどん 420円
- □ 山菜そば・うどん 420円
- □ 天ぷらそば・うどん 460円
- □ 天玉そば・うどん 510円
- □ きのこそば・うどん 480円

御花畑駅そば店

西武秩父駅と近接する御花畑駅。その改札口を出てすぐ右側に、立ち食いカウンターのみのレトロな駅そば店がある。店の名物の「天ぷらそば」は、大きなかき揚げが目を引く一杯。周辺には朝から営業している飲食店が少なく、貴重な存在だ。

Information

営 8:00 ～ 15:00
休 無休（12月31日は休業）
TEL 048-525-2283
（秩鉄商事／平日10:00 ～ 17:00）

IC決済可能

横《よこ》川《かわ》駅

JR東日本 — 信越本線

実食Check

天玉そば

650円

天ぷらにネギを散らし、生玉子がのった定番商品。そばは自家製の生麺で、注文を受けてから茹でるため、提供まで3分ほどかかる。自社製のつゆは、濃いめだが甘みも。

山菜そば

実食Check

500円

そばと相性抜群の山菜をふんだんに盛り付けた一杯。山菜の独特の香りと歯ごたえを堪能したい。

改札内、改札外のどちらからでも利用可。改札外にはテーブル席、改札内ならば駅のベンチが利用できる。

ココでも食べられる!

軽井沢駅、安中榛名駅
※一部メニューが異なる

荻野屋《おぎのや》 横川駅売店

かつては急勾配の碓氷峠を越えるため、機関車の連結・切り離し作業が行われた横川駅。その停車時間に乗客が味わったのが、荻野屋の名物駅弁「峠の釜めし」であり、同社の駅そばだった。北陸新幹線が開通して駅利用者は激減したが、往時の味を懐かしむ観光客の姿も見られる。

主なメニュー

- かけそば・うどん 400円
- 玉子そば・うどん 500円
- 天ぷらそば・うどん 550円
- 天玉そば・うどん 650円
- 山菜そば・うどん 500円
- 峠の釜めし 1,400円

Information

営 10:00 ～ 16:00 休 無休
Tel 027-395-2311

現金のみ

東武鉄道—伊勢崎線

足《あし》利《かが》市《し》駅

実食Check

天ぷら・岩下の新生姜そば 700円

栃木生まれの名物「岩下の新生姜」をトッピングした人気メニュー。さば節やウルメ節などの出汁からとったつゆは濃厚で、新生姜の味をまろやかにしてくれる。麺は粗挽きの田舎風で、素朴で懐かしい味わい。

実食Check

かけそば+いもフライ

600円

栃木県佐野市の名物「いもフライ」をトッピング。つゆに浸して食べるのがおススメだが、佐野の「ミツハフルーツソース」をつけて味わうこともできる。

立食用のカウンター席のほかに、窓側の席にはイスを設置。店内には、小山駅時代の店舗の写真などが掲示されている。

おやまのきそば 足利市駅前店

半世紀以上にわたって親しまれ、2022（令和4）年1月に閉店したJR小山駅の駅そば店「きそば」。その味を受け継ぐ“公認店”の一つで、足利市駅北口を出てすぐ目の前にある。岩下の新生姜やいもフライなどのご当地トッピングを取り揃え、麺の替え玉サービスがあるのもうれしい。

Information

営 10:30 ～ 15:00　休 無休

TEL 0284-72-0001

現金のみ

主なメニュー

- ☐ かけそば・うどん 450円
- ☐ 天ぷらそば・うどん 600円
- ☐ 天ぷら・岩下の新生姜そば・うどん 700円
- ☐ にしんそば・うどん 700円
- ☐ 山菜そば・うどん 580円
- ☐ コロッケそば・うどん 580円
- ☐ 替え玉 250円
- ☐ まかないご飯 100円

熊《くまが》谷《や》駅

JR東日本｜上越新幹線・高崎線ほか

実食Check

肉ネギつけ汁うどん

750円

熊谷うどんは中太タイプで、小麦の豊かな風味が堪能できる。豚バラ肉のコクと熊谷産ネギの甘みがつけ汁に加わり、うどんの旨味をさらに引き立てる。

熊谷駅の駅構内で営業。秩父鉄道熊谷駅の改札口の正面にある。

Information

営 10:30 ～ 20:15
休 不定休
TEL 048-521-8908

現金のみ

熊谷うどん 熊たまや

熊谷市の製麺メーカー「タカヒロフーズ」が、熊谷産の小麦で開発した「熊谷うどん」のアンテナショップとして2009（平成21）年にオープン。各メニューの具材にも熊谷産の食材がふんだんに用いられ、ご当地フードとしての評価も高い。

小《お》山《やま》駅

JR東日本｜東北新幹線・東北本線ほか

実食Check

開運肉汁うどん

950円

地元産小麦粉で作る手打ちうどんを、熱々のつけ汁で味わう。つけ汁には豚肉、短冊ねぎ、油揚げなどが入る。つけ汁は、短冊ねぎの旨味や油揚げの香ばしさを引き立てるため、だしを効かせた秘伝のつゆでひと煮立ちさせ、仕上げに厳選豚肉をさっとくぐらせて作る。

小山駅の西口側にある駅ビル「バル小山」の1階で営業している。

Information

営 11:00 ～ 21:00
休 無休
TEL 0285-24-4110

IC決済可能

手打ちつけ汁うどん 藤《ふじ》ヱ《え》門《もん》

地元・小山でとれた「イワイノダイチ」という小麦粉を用いた手打ちうどんを提供する専門店。麺はもっちりしてコシがあり、歯ごたえも喉ごしも抜群だ。秘伝のタレを使った「旨たれ唐揚げ」も人気。小山駅の駅ビル「バル小山」で営業している。

長《なが》瀞《とろ》駅

秩父鉄道 ― 秩父本線

実食Check

舟ざるとろろそば

730円

長瀞渓谷を進むラインくだりにちなんだメニュー。つけ汁にとろろを浸すと、コクが増しておいしい。

実食Check

長瀞特製肉そば 680円

「豚丼」で有名な秩父にちなんだメニュー。大きめの豚のロース肉をトッピングしている。

店内の大きな窓から、長瀞駅を発着する列車を眺められる。

Information

営 10:00 ～ 15:30
休 火曜・水曜
TEL 048-525-2283（秩鉄商事／平日10:00 ～ 17:00）

現金のみ

長瀞駅そば店

2019（令和元）年にリニューアルされた駅そば店。そば・うどんに加え、地酒や地ビールなどアルコールメニューも豊富に揃える。秩父鉄道グッズを取り扱うショップも併設しており、食後のおみやげ選びも楽しめる。

三《みつ》峰《みね》口《ぐち》駅

秩父鉄道 ― 秩父本線

三峰山そば

実食Check

650円

しゃくしな漬の油炒め、秩父名物のこんにゃくを使った味噌おでん、特製のかき揚げをトッピング。この3つを奥秩父にそびえる三峰山（妙法ヶ岳・白岩山・雲取山の総称）に見立てている。

実食Check

しゃくしなそば 550円

秩父特産のしゃくしな漬の油炒め、揚げ玉、わかめ、ネギをトッピング。揚げ玉にはあおさが練り込まれているので香り高く、甘辛いしゃくしな漬とほどよく調和する。

昔ながらの簡素な店舗が建つ。

Information

営 9:00 ～ 14:30
※秩父鉄道「SL パレオエクスプレス」の運行に合わせ、土曜・日曜・祝日に営業
TEL 048-525-2283（秩鉄商事／平日10:00 ～ 17:00）

現金のみ

三峰口駅そば店

木造の名駅舎が建つ三峰口駅。その待合スペース奥に店を構え、天ぷらなどすべて店内で調理している。秩父鉄道の観光列車「SLパレオエクスプレス」の運行日に合わせて営業。

桜《さくら》木《ぎ》町《ちょう》駅

JR東日本 — 京浜東北線・根岸線

実食Check

とり肉そば 440円

「川村屋」の定番メニュー。天然だしをふんだんに使ったつゆは手作りにこだわり、香り高い。山梨県産のブランド鶏を使った鶏肉は、甘辛くて柔らかい。

実食Check

きす天そば 520円

きすの天ぷらは駅そばでは珍しいが、あじ天と並ぶ「川村屋」の人気メニューだ。

川《かわ》村《むら》屋《や》

桜木町駅は、日本初の鉄道開業とともにできた初代・横浜駅の場所にあたる。「川村屋」は、横浜駅時代の1900（明治33）年に創業した老舗店。伊藤博文を介して営業許可を取得し、当初は西洋料理店だったが駅そば店に姿を変え、長く親しまれてきた。2023（令和5）年に一度は閉店したが、店主の娘が後を継ぎ、半年で復活を果たした。

店舗は、桜木町駅南改札を出てすぐ。隣接する商業施設「CIAL（シァル）桜木町」の一角にある。

Information

営 7:30 ～ 20:15（ラストオーダー20:10）／日曜・祝日8:30 ～
休 年末年始　TEL 045-201-8500

現金のみ

主なメニュー

□ とり肉そば・うどん 440円	□ いか天そば・うどん 520円
□ 天ぷらそば・うどん 480円	□ あじ天そば・うどん 530円
□ 天玉そば・うどん 560円	□ きす天そば・うどん 520円

小田急電鉄―小田原線

百《ゆ》合《り》ヶ《が》丘《おか》駅

春菊そば 530円

実食Check ☐

店内で製麺されたばかりのコシのあるそばに、春菊天がのった店の代表メニュー。春菊天をつゆにくぐらせ、濃厚で柔らかな味わいをじっくり楽しみたい。

かき揚げそば 520円

実食Check ☐

注文を受けてから店内で揚げる自慢の揚げ物メニューの中でも、玉ねぎやにんじんなどが入ったかき揚げは一番人気。だしの効いたつゆとの相性も良好だ。

クオリティの高いそばを提供する「元長」は、そば好きの間で有名。上野や北赤羽にも店舗を展開する

元長《もとちょう》

百合ヶ丘駅の改札外コンコースに、2021（令和3）年にオープン。そばは店内で製麺した自家製麺というこだわりぶりで、だしは香り豊かな鰹枯節《かつおかれぶし》から取り、自家製かえしとブレンドして提供される。

Information

営 6:00 ～ 22:45
（土曜・日曜・祝日は～ 21:00）

休 無休
（年始・GW・お盆は休みあり）

TEL 044-951-9007

IC決済可能

主なメニュー

☐ かき揚げそば・うどん 520円	☐ きつねそば・うどん 500円
☐ 春菊そば・うどん 530円	☐ おろしそば・うどん 510円
☐ たぬきそば・うどん 490円	☐ とろろそば・うどん 570円

相模鉄道 本線・いずみ野線

二《ふた》俣《また》川《がわ》駅

実食Check

ごぼう天うどん

990円

店内であげた天ぷらをのせた店の人気メニュー。スープは、羅臼昆布と煮干しを煮詰めただしが効き、カツオブシなどを加えて薄口に仕上げた。シコシコの麺の旨みを引き出している。

店舗は、二俣川駅直結の商業施設「ジョイナステラス二俣川」の4階にある。

Information

営 11:00 ～ 21:00
休 不定休
TEL 045-442-6188

IC・カード決済可能

星のうどん 庵《あん》

相模鉄道の横浜駅構内で営業する立ち食いうどん店「星のうどん」が、ファミリー向けの本格店舗としてグレードアップ。“うどんは讃岐、汁は薄口博多風”をモットーに、自社製工場直送のコシが強い麺を、秘伝のだしでいただく。

真岡鐵道 真岡線

真《も》岡《おか》駅

実食Check

揚げだし餅そば

500円

アツアツの揚げたての餅がそばの上にドンとのる。薄口のつゆに餅を浸し食べると、つゆの味が染みこんでうまい。「揚げ餅だったら天ぷらと一緒に作れるから」という、中華料理店を手掛ける店主のアイデアから生まれた。

真岡駅の駅舎内で営業しており、周囲にだしの香りが漂う。店内にはフライヤーがあるので、揚げたての揚げ物を提供している。

Information

営 11:00 ～ 17:00
休 火曜（SL「もおか」運休日は土曜・日曜・祝日休み）
TEL なし

現金のみ

真岡駅 駅そば

かつて駅舎内で営業していた駅そば店が2019（令和元）年頃に閉店し、長らく駅そばがなかった真岡駅。そこで地元の中華料理店の店主が、真岡鐵道に駅そば復活を直談判。クラウドファンディングで資金を集め、2024（令和6）年9月に開業させた。

JR東日本 常磐線・水郡線

水《み》戸《と》駅

納豆そば

実食Check

510円

水戸名物の納豆をそばと絡めていただく。たっぷりの刻み海苔とネギが、味にアクセントをつける。

常磐線の上り列車が発着する5･6番線ホームで営業している。店舗は、2017（平成29）年秋にリニューアルした。

水戸 上りそば

水戸駅の5･6番線ホームにある立ち食いそば店。「とり唐揚げそば・うどん」（680円）が人気だが、水戸名物の納豆をのせた「納豆そば・うどん」も外せない。単品で納豆も提供しているので、トッピングで選んでもよいだろう。

Information

営 7:00 ～ 20:00

休 無休 TEL なし

IC決済可能

JR東日本 上越新幹線

上《じょう》毛《もう》高《こう》原《げん》駅

舞茸そば

実食Check

560円

舞茸の名産地である谷川岳に近いことにちなんだメニュー。衣に包まれた舞茸は、噛むとダイレクトに香りが伝わり、田舎そばをより深い味わいにする。

改札外コンコースで営業。木製のテーブル、イスもあるのがうれしい。

上毛高原そば

在来線との接続がない新幹線単独駅の上毛高原駅は、利用者の少ないことから“秘境駅”とも呼ばれる。そのコンコースの一角にある店舗は、駅そばの隠れた名店だ。太めで黒っぽい素朴な“田舎そば”は、食べごたえ十分。うどんもおいしい。

Information

営 10:30 ～ 15:30（土曜・日曜・祝日は10:30 ～ 16:30）

休 無休 TEL 0278-62-1300

現金のみ

第4章

中部

駅そば図鑑

小淵沢駅
長野駅
松本駅
新潟駅
静岡駅
三島駅
豊橋駅
修善寺駅
岳南原田駅
名古屋駅
鳥羽駅
富山駅
金沢駅
越後湯沢駅
直江津駅
田上駅
塩尻駅
戸倉駅
富士駅
富士山駅
浜松駅
金山駅
福井駅
中津川駅

JR東日本 — 中央本線・小海線

小《こ》淵《ぶち》沢《ざわ》駅

山賊そば

実食Check

680円

大振りの鶏もも肉をタレに漬け込んでカラッと揚げた信州の郷土料理の「山賊焼き」をトッピング。ボリューム満点の人気メニュー。

実食Check

肉（馬肉）そば

680円

古くから馬肉が食されている小淵沢地域らしく、馬肉をトッピング。コーンビーフのように、噛むとホロホロと裂ける食感が特徴。

丸《まる》政《まさ》そば

1928（大正7）年創業の駅弁製造の老舗「丸政」が運営。駅そばは、1956（昭和31）年に「観音そば」として始まった。そばは、乱切りの太麺でほどよい歯ごたえ。ほんのり甘いつゆにマッチする。そば・うどんだけでなく、「黄そば」と呼ばれる中華麺が選べる。

Information

営 8:00 ～ 19:00　休 無休

TEL 0551-36-2521

IC決済可能

改札横に店舗を構える。かつては、中央本線のホームにも店舗があった。

主なメニュー

- □ 山賊そば・うどん 680円
- □ 肉（馬肉）そば・うどん 680円
- □ かき揚げ天そば・うどん 550円
- □ 野沢菜天そば・うどん 550円
- □ 豚バラ軟骨そば・うどん 680円
- □ カレーそば・うどん 680円
- □ かけそば・うどん 400円

長《なが》野《の》駅

JR東日本 北陸新幹線・信越本線ほか

とろろそば 390円

実食Check

なめらかなとろろに、シャキシャキのネギ、刻み海苔を添えた一杯。醤油ベースのつゆはほどよい濃さで、とろろが豊かな風味をもたらす。天ぷらや山菜などのトッピングを加えてもよいだろう。

「長野駅名物立そば」と掲げられているのが目を引く。昔ながらの懐かしい店の佇まいは、駅そばファンにはたまらない。

Information

営 7:00 ～ 19:50
休 無休
TEL 026-225-7840

IC 決済可能

信州蕎麦処 しなの

JR長野駅の6･7番線ホームにある「信州蕎麦処しなの」は、昔ながらの吹きさらし型の駅そば店。立ち食いカウンターのみのシンプルな構造だが、店舗前にテーブル付きのベンチもあるので、座ってそばを楽しむこともできる。長野に本店を構える「八《や》幡《わた》屋《や》磯《いそ》五《ご》郎《ろう》」の七味があるのがうれしい。

長《なが》野《の》駅

長野電鉄 長野線

チートロそば 550円

実食Check

※写真は肉チートロそば（750円）

卵とチーズを加えているから「チートロ」。1998（平成10）年の長野五輪開催に合わせ、外国人観光客向けに考案した「チーズ入りうどん・そば」がルーツ。この味を求めて遠方から訪れる旅行者も少なくない。

地下にある長野電鉄長野駅構内に隣接するビル内で営業。

Information

営 11:30 ～ 22:00
（日曜・祝日は～ 21:00）
休 無休 TEL 026-224-1682

現金のみ

そば うどん しなの

「早く、手軽に、おいしい駅そばを提供する」をモットーに、1987（昭和62）年に開業したスタンド型そば店。長野市内で飲食店を展開している地元企業が運営しており、北信濃ならではの少し濃い目の味付けが楽しめる。

JR東日本
篠ノ井線・大糸線ほか

松《まつ》本《もと》駅

実食Check

安曇野産葉わさびそば

610円

安曇野産のわさびと信州そばの“コラボ”が絶妙な一杯。そばの香りとわさびの風味のハーモニーで、信州の旅情を感じさせてくれるだろう。

自家製チャーシュー肉そば 600円

実食Check

時間をかけて煮込んで味つけした自家製チャーシューが、そばの旨味と絶妙にマッチ。

信州鹿肉きのこそば

実食Check

830円

「信州ジビエをおいしくいただき、命と食文化を繋いでいきたい」という思いから開発。クセのないやさしい味わいが人気。

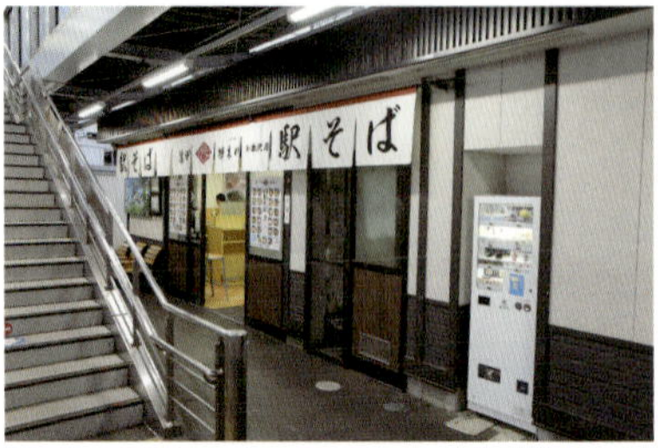

改札内の1番ホーム中央付近に店を構える。

駅そば榑木川《くれきがわ》

松本市のそばメーカーが運営する駅そば店。多種類の鰹節と熟成醤油を合わせた甘口の無添加つゆは、飲み干せるほどおいしく、自慢の八割そばとのバランスが絶妙。鹿肉、葉わさび、野沢菜などの信州特産品をトッピングしたメニューも豊富だ。

Information

営 7:20 ～ 19:10　休 不定休
TEL なし

IC決済可能

ココでも食べられる！

茅野駅、信濃大町駅、長野駅

主なメニュー

- □ 安曇野産葉わさびそば・うどん 610円
- □ 鴨肉そば・うどん 640円
- □ 信州鹿肉きのこそば・うどん 830円
- □ 山菜そば・うどん 620円
- □ とろろそば・うどん 610円
- □ 自家製チャーシュー肉そば・うどん 600円

新《にい》潟《がた》駅

JR東日本 ― 上越新幹線・信越本線・白新線・越後線

実食Check

カレー風味 新潟唐揚げそば 650円

新潟市民のソウルフードとして名高い「半身揚げ」（カレー粉と塩をまぶした唐揚げ）をトッピング。カレーの風味がほんのりとつゆに移り、独特の味わいをもたらす。

実食Check

栃尾のあぶらげそば 650円

長岡市栃尾地区の特産品である「栃尾のあぶらげ（油揚げ）」を、そばつゆで煮込んでトッピング。巨大な油揚げが目を引く。

実食Check

ミニタレカツ丼セット 750円～

新潟名物「タレカツ丼」とそばのセットメニュー。やなぎ庵オリジナルの「丼タレ」をくぐらせたタレカツは、ジューシーでボリューミー。

やなぎ庵

昭和の時代から長年地元で愛され、駅のリニューアルに伴って閉店していた駅そば店。2023（令和5）年に復活を果たし、新潟の食材にこだわった新メニューが登場している。駅ビル「CoCoLo新潟」WEST SIDEの2階で営業。

Information

営 6:30～22:30
（日曜・祝日は21:00まで）
休 CoCoLo新潟の休業日に準じる
TEL 025-250-5963

IC決済可能

店舗は、JR在来西改札を出てすぐ脇。立ち食いスタイルが基本だが、イスもわずかに設置されている。

主なメニュー

- かけそば・うどん　390円
- えび天そば・うどん　570円
- カレー風味新潟唐揚げそば・うどん　650円
- 栃尾のあぶらげそば・うどん　650円
- ミニカレーセット　650円～
- ミニタレカツ丼セット　750円～

静《しず》岡《おか》駅

JR東海｜東海道新幹線・東海道本線

チーズそば

実食Check

550円

一見、ミスマッチな組み合わせに感じるが、意外に合うと評判で密かに人気を集めている。タバスコを加えて味変を楽しむこともできる。

かき揚げうどん

実食Check

390円

野菜のかき揚げがトッピングされた不動の人気ナンバーワン。冷やしメニューは、プラス30円。

一番人気

ラーメン

実食Check

600円

そばつゆをベースに、ネギ油と鶏ガラスープを合わせた醤油スープは、あっさりとしたやさしい味わい。

富《ふ》士《じ》見《み》そば

静岡駅が開業した1889（明治22）年に駅弁の販売を始めた「東海軒」。その老舗が運営する駅そば店で、そば・うどんだけでなくラーメンも提供する。立ち食いそば店としては珍しく、各麺とも替え玉が可能。そばを食べたあとに、次はうどんでもう一杯という楽しみ方もできる。

Information

営 7:30 ～ 13:30　休 無休

℡ 054-287-5171（東海軒）

現金のみ

在来線の上りホームと下りホームの両方に店舗を構える。L字カウンターのみの立食スタイル。

主なメニュー

- ☐ チーズそば・うどん　550円
- ☐ かき揚げそば・うどん　500円
- ☐ 肉そば・うどん　600円
- ☐ かけそば・うどん　370円
- ☐ ラーメン　600円
- ☐ 替え玉各種　180円

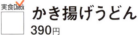

三《み》島《しま》駅

JR東海 ― 東海道新幹線・東海道本線

実食Check

みしまコロッケそば

510円

箱根西麓でとれる三島馬鈴薯を使ったご当地グルメの「みしまコロッケ」をトッピング。みしまコロッケは単品でも楽しめる。

一番人気

実食Check

海老と野菜のかき揚げそば

560円

注文を受けてから揚げ始めるこだわりのかき揚げをトッピング。海老と野菜の食感を存分に堪能できる人気メニュー。

東海道本線上りの3・4番線ホームにある店舗。三島駅ではこのほか、新幹線ホームにも店舗を構える。

桃中軒《とうちゅうけん》

1891(明治24)年創業の駅弁製造の老舗「桃中軒」が運営。長年にわたって守り続けられているこだわりのつゆは、秘伝のブレンドによるだしを使ったやさしい甘さが特徴。「みしまコロッケ」や桜海老入りのかき揚げなど、ご当地グルメを取り入れたメニューがうれしい。

Information

在来線上りホーム店
※店により営業時間は異なる

営 8:00 ～ 9:30、10:45 ～ 14:00
休 無休　TEL 055-963-8211

現金のみ

ココでも食べられる！
沼津駅、御殿場駅

主なメニュー

- □ みしまコロッケそば・うどん 510円
- □ 海老と野菜のかき揚げそば・うどん 560円
- □ きつねそば・うどん 430円
- □ 山菜そば・うどん 450円
- □ かけそば・うどん 350円
- □ みしまコロッケ 160円

JR東海

東海道新幹線・東海道本線ほか

豊《とよ》橋《はし》駅

実食Check □

ふわふわ ちくわうどん
540円

魚の旨みがつまった豊橋の名産品「ヤマサちくわ」を、輪切りにしてたっぷりトッピング。

実食Check □

ポンポコラーメン
630円

豊橋市に隣接する豊川市の山本製粉の"ご当地ラーメン"を提供。醤油風味の懐かしい味だ。

豊橋駅 そば・うどん 壺《つぼ》屋《や》

駅弁「稲荷寿し」の製造元として知られる老舗「壺屋」が運営。そば・うどんだけでなく、きしめんを選ぶことができ、各メニューにはきざみ揚げがトッピングされる。名古屋名物のどて丼と枝豆、生ビールをセットにした「ほろ酔いセット」(600円)も人気。稲荷寿しは1個90円。

Information

営 7:00 〜 22:00　休 無休

TEL 0532-56-6136

IC決済可能

ココでも食べられる！

豊川駅、蒲郡駅

在来線の改札内、および改札外の南北自由通路のいずれからも利用できる。

主なメニュー

- □ ふわふわちくわそば・うどん・きしめん 540円
- □ ポンポコラーメン 630円
- □ 天ぷらそば・うどん・きしめん 540円
- □ 山かけそば・うどん・きしめん 540円
- □ ミニどて丼 250円
- □ ほろ酔いセット 600円

修《しゅ》善《ぜん》寺《じ》駅

伊豆箱根鉄道 駿豆線

実食Check

椎茸そば

600円

伊豆特産の椎茸を毎日丁寧に仕込む。生そばと椎茸独特の食感を楽しめる。

実食Check

イズシカそば

800円

近年、イズシカとして注目を集める伊豆天城の鹿肉をトッピング。低温熟成のイズシカはくさみもくせもなく美味しいと評判。

イズーラ修善寺

イズーラ修善寺は、伊豆の名産品や土産物、伊豆箱根鉄道オリジナル商品をそろえた駅併設の売店。伊豆名産の椎茸やイズシカをのせたそば・うどんのほか、駿河湾名物の桜えびやご当地グルメのみしまコロッケを使ったメニューも人気。だしから仕込むそばつゆと生そばを使用している。

Information

営 10:00 ～ 17:00　休 無休

TEL 0558-73-2188

IC決済可能

2013年の駅舎改築に伴って誕生したイズーラ修善寺内に、そば・うどん・軽食コーナーがある。駅舎改築前も駅そばは人気だった。

主なメニュー

- □ 椎茸そば・うどん 600円
- □ イズシカそば・うどん 800円
- □ 桜えび天そば・うどん 780円
- □ ごぼ天そば・うどん 630円
- □ みしまコロッケそば・うどん 580円

岳南電車 ― 岳南鉄道線

岳《がく》南《なん》原《はら》田《だ》駅

実食Check

桜エビ天そば+玉子　640円

香ばしい桜エビの天ぷらに温玉をプラスした静岡らしい天玉そば。玉子は好みの茹で加減に調整してくれる。

実食Check

ササミ天そば　580円

サクッ、ジュワの巨大ササミ天がのる、人気ナンバーワンメニュー。女性客には食べやすいようにカットして提供してくれる。

そば・うどん めん太郎

岳南電車の岳南原田駅にある知る人ぞ知る人気駅そば店で、いつも地元のお客で賑わっている。イチバン人気は「ササミ天そば」、旅行客に人気なのは「桜エビ天そば」。そばの汁で温玉状に茹でてくれる玉子トッピングも人気だ。

Information

営 9:00 ～ 17:30　休 日曜、休日

TEL なし

現金のみ

駅舎の右側が店舗スペースで、店内はカウンターが並ぶオーソドックスな造り。鉄道ファン的な特等席は駅舎内スペースで、改札ラッチ越しに電車を眺めながらそばを味わえる。

主なメニュー

※そば・うどん（かけ）の普通・大盛・特盛を選択し、トッピングを加えるシステム

- □ そば・うどん（かけ）　400円
- □ ササミ天　180円
- □ メンチ　180円
- □ 桜エビ天　180円
- □ 玉子　60円
- □ 野菜天　180円
- □ イカ天　180円

LONG SELLER
ロングセラー

JR東海
東海道新幹線・東海道本線ほか

名《な》古《ご》屋《や》駅

実食Check

牛肉（玉子入り）きしめん
800円

甘めに味付けされた牛肉と玉子をトッピング。ボリュームたっぷりで、空腹を満たしてくれる一品。

実食Check

みそ（玉子入り）きしめん
740円

甘辛の味噌に玉子をからめていただく。濃厚そうな見た目とは裏腹に、意外とさっぱりとした味わい。

住《すみ》よし

名古屋名物、つるっとなめらかなきしめんが味わえる有名店。新幹線と在来線の各ホームに店舗があり、メニューが少し異なる。在来線ホームでは、えび天がトッピングされた「ワンコインきしめん」（500円）が人気。

新幹線ホームの店舗。在来線の店舗とは外観が異なる。

Information

営 新幹線ホーム6:30～21:40／在来線ホーム7:00～21:30（店舗により異なる）
休 無休
TEL 052-452-0871（ジャパン・トラベルサーヴィス）

IC決済可能

主なメニュー

- □ 牛肉（玉子入り）きしめん・そば 800円
- □ みそ（玉子入り）きしめん・そば 740円
- □ かき揚げきしめん・そば 660円
- □ ワンコインきしめん・そば 500円 ※在来線ホーム限定
- □ 名古屋コーチンきしめん・そば 1,000円
- □ きしめん・そば 420円

※そばは在来線の店舗のみ

鳥《と》羽《ば》駅

近畿日本鉄道 ― 鳥羽線・志摩線

実食Check

鳥羽SOBA WHITE（温・冷）
750円

三重県産の食材をぜいたくに使った「鳥羽SOBA」。濃厚な伊勢芋のとろろをたっぷりとのせ、風味豊かに仕上げている。粘り強い伊勢芋がそばつゆと絡み、なめらかな口当たりと上品な味わいをもたらす。

実食Check

松阪牛伊勢うどん 1,200円

伊勢名物「伊勢うどん」に、松阪牛をトッピング。松阪牛の甘みと旨みが、伊勢うどん特有の濃厚なたれと絡み合い、深いコクと風味をもたらす。

実食Check

カレー伊勢うどん 700円

極太でやわらかい伊勢うどんに、濃厚なカレーソースを絡めた一品。もちもちの麺とコク深いカレーが絡んだ、新感覚の伊勢うどんを楽しもう。

かもめベイテラス鳥羽

近鉄鳥羽駅の改札口を出たところにある飲食店。地元・三重県の食材を使ったカフェ、軽食を楽しむことができる。腹ごしらえには、三重でとれた食材をトッピングした「鳥羽SOBA」（WHITE）が最適だ。テイクアウトにも対応し、環境への配慮から紙製の容器を使用している。

Information

営 10:00 ～ 17:00
休 無休　TEL 0599-25-2022

IC決済可能

店舗は、伊勢湾を望むオーシャンビューが魅力。

主なメニュー

- □ かけそば 500円
- □ 伊勢うどん 550円
- □ 月見とろろ伊勢うどん 700円
- □ めかぶ伊勢うどん 700円
- □ しょうゆラーメン 750円

富《と》山《やま》駅

JR西日本

北陸新幹線・高山本線／あいの風とやま鉄道

実食Check

白えび天そば

620円

富山湾の宝石と称される「しろえび」。そんな貴重なしろえびの天ぷらがふんだんにのったぜいたくな一杯。

実食Check

とろろ昆布そば 460円

とろっとした食感がクセになる一品。さっぱりとしたつゆに、とろろ昆布が天然の調味料として深みをもたらす。

実食Check

ますのすし（一切）

220円

ますのすしを一切から味わえる。ちょっと物足りないときにぴったり。

立山《たてやま》そば

白えびやとろろ昆布など、富山名物をトッピングしたそばを味わえるのが特徴。厳選したそば粉を使った香り高い麺や、鰹とサバのだしでつくったつゆなど、素材にもこだわっている。「ますのすし」で有名な「源」が運営していることもあって、ますのすしを食べることもできる。

Information

営 7:00 ～ 21:00　休 無休

TEL 076-431-2104

IC決済可能

主なメニュー

- □ 白えび天そば・うどん 620円
- □ かき揚げそば・うどん 560円
- □ えび天そば・うどん 520円
- □ とろろ昆布そば・うどん 460円
- □ ますのすし（一切） 220円

金《かな》沢《ざわ》駅

JR西日本

北陸新幹線／IRいしかわ鉄道

実食Check

白えびかきあげそば 620円

「富山湾の宝石」ともいわれる貴重な白えびをぜいたくに使ったかき揚げをトッピング。殻ごと揚げたパリパリの食感と香ばしさを堪能したい。

加賀《かが》白山《はくさん》そば

1954（昭和29）年開業の歴史ある駅そば店。かつてホームや待合室を含め5店舗展開していたこともあったが、現在は駅併設の商業施設「金沢百番街」に1店舗を構えるのみ。そば・うどんだけでなく和風ラーメンなどを提供し、金沢の人々に愛され続ける味を堪能できる。

Information

営 6:00～21:00　休 無休

TEL 076-260-4455

IC決済可能

ココでも食べられる！

小松駅

LONG SELLER
ロングセラー

実食Check

天ぷらそば

560円

たっぷりの衣でおおわれたえびの天ぷらをトッピング。衣を崩してたぬきそば風に味わうもよし。

新幹線改札を出てすぐ正面にある商業施設「金沢百番街」で営業している。

主なメニュー

- □ 白えびかきあげそば・うどん 620円
- □ 天ぷらそば・うどん 560円
- □ 肉たまそば・うどん 670円
- □ 能登牛コロッケそば・うどん 560円
- □ めかぶそば・うどん 520円
- □ 和風ラーメン 580円

越《えち》後《ご》湯《ゆ》沢《ざわ》駅

JR東日本　上越新幹線／北越急行ほくほく線

実食Check

ぜいたくそば

720円

かき揚げの天ぷらに玉子、大判の油揚げ、山菜、ワカメなど、たくさんのトッピングがのった、文字通りぜいたくな一杯。

改札外の東西自由通路に店舗を構える。駅弁を買うこともできる。

湯沢庵

新潟の魅力を集めた多彩な店舗が並ぶ駅ナカ商業施設「CoCoLo湯沢・がんぎどおり」にある駅そば店。越後湯沢駅は冬場にスキー客で賑わうが、そんな寒い季節に温かいそば・うどんで温もりを与え、夏には冷やしメニューも提供し、四季を通じて利用価値が高い。

Information

営 11:00 ～ 18:30
（季節によって変更あり）
休 無休　TEL 025-784-3200

IC決済可能

直《なお》江《え》津《つ》駅

JR東日本　信越本線ほか

実食Check

めぎす天そば

600円

上越地方で古くから親しまれているメギス。地元でとれたメギスを開いて天ぷらにし、そばにのせた一杯で、メギスの身は厚くて柔らかく、味にクセがない。

実食Check

もずくそば

530円

もずくの上にうずらの卵をのせ、たっぷりの揚げ玉をトッピング。コリコリしたもずくが、独特の歯ごたえと風味でアクセントを加える。

直江津駅北口のロータリーに面して店を構える。

そば処 直江津庵

直江津駅北口にある駅そば店。旧直江津駅舎時代からホームで営業を続け、現在は駅前の「ホテルハイマート」が運営している。秘伝のつゆは旧駅舎時代の味をそのまま守り続け、近年は地元素材を使ったご当地メニューも提供している。

Information

営 7:00 ～ 17:20　休 無休
TEL 025-543-1175

現金のみ

田《た》上《がみ》駅

JR東日本　信越本線

実食Check

かけそば+山菜トッピング

580円

山菜のトッピングは、水煮のミックス山菜がたっぷり。つゆは、甘さと辛さのバランスがいい。

待合室内にカウンターがある。地元の人々の憩いの場になることも。

Information

営 11:00 ～ 14:00
(土曜・日曜・祝日は11:00 ～ 15:00)
休 水・木曜　TEL 0256-47-5955
(T’s LOVE)

現金のみ

あじさい売店

そば・うどんだけでなく、コロッケや鳥からあげ、フライドポテトなどの手作りの揚げ物、さらにはアイスクリームやフロートなどのデザートも楽しめる。ドリンクメニューも豊富で、地域の人々の憩いの場になっている。その日に採れた季節の野菜も直売されている。

塩《しお》尻《じり》駅

JR東日本・JR東海　中央本線・篠ノ井線

実食Check

山賊そば

900円

長野県中信地方の郷土料理「山賊焼き」を大胆にそばの上へ。タレと肉汁がつゆとの相性抜群で、食べごたえも充分。

改札外の店舗は、カウンターが待合室に面している。待合室の座席を利用して食べることもできる。

Information

営 10:00 ～ 14:15 ／
15:30 ～ 17:00
休 月曜(月曜が祝日の場合は翌火曜)、隔週火曜
TEL なし

IC決済可能

桔梗《ききょう》

改札内、改札外のいずれからも利用できるが、改札内の店舗は大人2人も入れば満員状態になり、「日本一狭い駅そば店」としてメディアで取り上げられることもしばしば。メニューは、葉わさびや山賊焼き(数量限定)、鹿肉など信州の味覚をトッピングしたものが多い。

しなの鉄道　しなの鉄道線

戸《と》倉《ぐら》駅

実食Check

きのこそば 600円

信州の山の幸、きのこをトッピング。天然素材100%の一番だしを使ったそばつゆと絡めれば、口の中に豊かな旨みが広がる。

実食Check

天ぷらそば
550円

大きめの天ぷら（かき揚げ）がのった一杯。かき揚げも自家製だ。

かかし

カツオや昆布、煮干しなどの天然素材を使ったつゆが自慢。化学調味料を使っておらず、最後の一滴まで飲み干したくなる。店主はもともと焼き鳥店を経営。そのため、そば・うどんだけでなく、焼き鳥やホルモン焼き、モツ煮などの惣菜の販売が充実しているのも特徴だ。

Information

営 7:30～13:40
休 不定休　TEL なし

現金のみ

改札外の待合室に店舗を構える。改札内にも店舗の窓口があり、改札を出ずに利用できる。

主なメニュー

- かけそば・うどん　450円
- 天ぷらそば・うどん　550円
- 天玉そば・うどん　600円
- 山菜そば・うどん　600円
- きのこそば・うどん　600円
- モツそば・うどん　700円
- 馬肉そば・うどん　800円

富《ふ》士《じ》駅

JR東海—東海道本線・身延線

実食Check

かき揚げそば 480円

注文を受けてから揚げるかき揚げが自慢。北海道産昆布と焼津製造の鰹節を使用した特製のつゆも味わい深い。

身延線ホームに佇む店舗は、昔ながらのスタイルで旅情をかき立てる。

Information

営 11:00 ～ 14:00
休 土曜・日曜・祝日
TEL 0545-61-2835（本社）

現金のみ

富陽軒 身延線ホームそば店

駅弁製造でも知られる「富陽軒」が営業しているスタンド型店舗。そばやうどんのほか、ビールなども販売している。人気の「かき揚げそば・うどん」のかき揚げは、店内のフライヤーによる揚げたてを提供。そば・うどんの替え玉（130円）もできる。

富《ふ》士《じ》山《さん》駅

富士山麓電気鉄道—富士急行線

実食Check

富士山うどん 並840円／大940円

店の人気ナンバーワンメニュー。富士山の形をしたかき揚げをのせ、味付け卵や豚肉、ワカメなどもトッピングされ、ボリューム満点だ。

富士山駅の駅ビル地下1階にあるフードコートで営業。

Information

営 10:00 ～ 19:00（ラストオーダー18:15）※麺が売切れ次第終了
休 木曜（木曜が祭日の場合は営業、翌日休み）
TEL 0555-23-9858

IC決済可能

吉田のうどん とがわ

富士山のお膝元に位置する富士吉田の名物「吉田のうどん」を提供する飲食店。かみごたえのあるコシの強い麺は、富士山の湧き水と3種の小麦粉で作る。富士山駅の駅ビル「Q-STA（キュースタ）」の地下1階で営業。学生のみで来店すると50円引き。

浜《はま》松《まつ》駅

JR東海 — 東海道新幹線・東海道本線

実食Check

かき揚げそば 500円

野菜かき揚げ、ネギをトッピングしたそば。鰹節、鯖節、宗田節をバランスよく配合した醤油ベースのつゆが、そば殻を練り込んで風味を強くした麺によくなじむ。

駅構内の中2階で営業しており、新幹線コンコース、在来線コンコースのどちらからでも利用できる構造が珍しい。

Information

営 7:00 ～ 19:00　休 無休
TEL 053-442-2121（本社）

IC決済可能

自《じ》笑亭《しょうてい》

「自笑亭」は浜松市に本拠を置く駅弁製造会社。1888（明治21）年の浜松駅の開業以来、駅構内で駅弁の販売を続け、駅の歴史とともに歩んできた。駅構内の立ち食いそば店は、1982（昭和57）年頃から営業している。

金《かな》山《やま》駅

名古屋鉄道 — 名古屋本線

実食Check

きしめん 500円

かまぼこと大きめの油揚げ、カツオブシをトッピングしたスタンダードなきしめん。ツルツル食感のきしめんを、醤油ベースの濃いめのつゆでいただく。

名古屋本線下りホームに店を構える。

店内は、L字型の立ち食いカウンターのみ。アットホームな雰囲気が漂い、立ち飲み屋感覚で利用できる。

Information

営 11:00 ～ 21:30
（ラストオーダー 21:00）
休 土曜・日曜・祝日・年末年始・GWなど　TEL 052-681-5695

現金のみ

かどや 上りホーム店

名古屋鉄道（名鉄）、JR東海、名古屋市営地下鉄が乗り入れる金山駅。名鉄の上りホームに店を構える「かどや」は、名古屋名物のきしめん、そばをはじめ、おでんや串カツなどのおつまみも充実し、酒類も提供している。ホーム内で気軽に立ち飲みができるのが魅力だ。

福《ふく》井《い》駅

JR西日本
北陸新幹線ほか

鰊《にしん》そば

実食Check □

530円

北陸・関西ではポピュラーなにしんそば。甘辛い身欠きニシンの上に、刻みネギがたっぷりとかかる。関西風のつゆは、だしが効いており、素朴な味わい。

店舗は改札を出てすぐ。かつてはホームにも店を構えていた。

Information

営 6:00～22:00　休 無休

TEL 0776-27-6711

IC決済可能

ココでも食べられる！
武生駅

今庄《いまじょう》そば

1930（昭和5）年創業の「豊岡商店」が運営。かつて今庄駅では、峠越えに備えて機関車の連結・切り離しが行われる間に、乗客がそばを食べて空腹を満たしていた。今庄そばはこの時から続くもので、今庄駅から福井駅に移転しても、福井の人々に愛されている。

中《なか》津《つ》川《がわ》駅

JR東海
中央本線

天玉そば

実食Check □

600円

手作りの天ぷらと、玉子、刻みネギをトッピング。つゆは、煮干しやかつお節などでとっただしが効いている。

※2025年1月現在、天ぷらの提供は休止中

改札外の待合室側が店舗のメインだが、ホーム側にもカウンターテーブルが設置されており、列車乗り継ぎの際に利用できる。

Information

営 10:00～20:00
※変更の場合あり　休 無休

TEL 0573-65-2471

現金のみ

根《ね》の上《うえ》そば

中津川駅は、中山道の宿場町だった当時の風情を残す馬籠《まごめ》宿観光の拠点。そんな駅構内に、岐阜県内唯一とされる立ち食い式の駅そば店がある。醤油ベースの関東風のつゆは、濃厚な味付けで、旅で疲れた体に沁みわたる。改札内・改札外のいずれからも利用できる。

第5章

駅そば図鑑

近畿・中国

京都駅
大阪駅
米原駅
塚口駅
姫路駅
尼崎駅
新開地駅
鳥取駅
岡山駅
出雲市駅
亀嵩駅
広島駅
奈良駅

大津駅
京橋駅
大阪阿部野橋駅
近鉄八尾駅
吹田駅
水間観音駅
小野町駅
備後矢野駅
松江駅
小野田駅
宇部駅
下関駅

JR西日本
東海道新幹線・東海道本線ほか

京《きょう》都《と》駅

実食Check

鰊《にしん》そば

1,870円

京都ではおなじみのご当地メニュー。甘くじっくりと炊きあげた鰊棒煮の旨みがそばつゆに染み出し、食べ進めるほどに味が馴染んでゆく。鰊しぐれごはんとのセットもオススメ。

実食Check

湯葉豆腐そば

1,980円

水がおいしい京都ならではの、湯葉と豆腐にこだわった一品。やさしい味なので、四季を問わず食べやすい。

Information

営 8:30 ～ 21:00
（ラストオーダー 20:30）
休 無休
TEL 075-693-5595

IC決済可能

総本家にしんそば 松葉

1861（文久元）年の創業以来、160余年の歴史を持つ老舗が新幹線改札内の商業施設「アスティ京都」に出店。同店は、京都で親しまれている「にしんそば」の発祥店として知られる。

JR西日本
東海道新幹線・東海道本線ほか

京《きょう》都《と》駅

実食Check

とり天3個うどん 650円

とり天は店内で仕込んでおり、生姜などで24時間漬け込んだ後、まろやかな綿実油で2度揚げしている。とり天カレーうどん（1,050円）などと並ぶ店の人気のメニュー。

実食Check

鶏卵カレーうどん 820円

最下部に「濃厚カレー」、中段に「打ち立て麺」、上層部に「とろとろ鶏卵あんかけ」という3層構造のうどんで、味の変化が楽しめる。最後にご飯を入れ、かき混ぜて味わおう。

店舗は、JR京都駅の地下東口改札を出てすぐ。

Information

営 7:00 ～ 22:00
休 無休
TEL 075-343-5505

IC決済可能

つくもうどん塩小路

京都駅の人気うどん店。麺は、厳選した国内産小麦を店内でブレンドした自家製麺を用い、じっくり熟成させてもっちり食感を生み出す。特製のだしは、長崎九十九島産のいりこと北海道産昆布を低温で抽出し、さらに瀬戸内海産のいりこを追い足しし、旨みが深まる。

大《おお》阪《さか》駅

JR西日本 東海道本線ほか

実食Check

カレー あんかけうどん

460円

お店の看板にも併記されている名物メニューのカレーあんかけ。とろみがあるあんが、麺によくからむ。11：00 ～ 13：50に提供。

実食Check

朝（かけ）そば

330円

プラス160円で玉子かけごはん、海苔がつく。てんかすはセルフサービスでかけ放題。

店舗は、改札内のコンコース内にある。居酒屋営業もするため、パブのような雰囲気だ。

麺亭しおつる

7時から13時50分にかけては、そば・うどんのメニューに力を入れた飲食店で、14時以降は居酒屋営業になる。11時までは朝にぴったりの軽めのモーニングメニューが人気。そばは茹でたてで、こだわりが感じられる。

Information

営 7:00 ～ 23:00（14:00 ～ 23:00は居酒屋営業） 休 元日

TEL 06-6456-4841

IC決済可能

主なメニュー

- カレーあんかけそば・うどん 700円
- 朝（かけ）そば・うどん 330円
- おろしぶっかけそば・うどん 440円

JR東海・西日本 ― 東海道新幹線・東海道本線

米《まい》原《ばら》駅

きつねうどん

450円

実食Check ☐

かつお節の風味豊かなつゆをたっぷりとすった大判の油揚げが絶品。

実食Check ☐

かき揚げそば

450円

海老の風味のかき揚げをトッピング。カリカリの食感を楽しむのもよし、つゆで崩しながら食べるのもよし。

実食Check ☐

肉そば

530円

甘めの味つけの肉をトッピング。ボリュームたっぷりで、空腹を満たしてくれる。

キッチン井筒屋《いづつや》

江戸時代末期創業の老舗「井筒屋」は、かつて米原駅で駅そば店を営業していた。現在は駅構内から撤退しているが、西口駅前の本社工場にある「キッチン井筒屋」で、変わらない味を楽しめる。ホームで味わった懐かしい味をココで堪能しよう。

Information

営 9:00～15:00
（ラストオーダー14:30）
休 無休　TEL 0749-52-0006

現金のみ

主なメニュー

- ☐ きつねそば・うどん　450円
- ☐ かき揚げそば・うどん　450円
- ☐ 肉そば・うどん　530円
- ☐ 梅・とろろ昆布そば・うどん　500円
- ☐ 月見そば・うどん　450円
- ☐ かけそば・うどん　400円

塚《つか》口《ぐち》駅

阪急電鉄―神戸本線・伊丹線

実食Check ☐

豚バラつけ麺 460円

店内で製麺した「打ちたて・茹でたて」のそばを、カツオやサバなどの節で取っただしで仕上げた自慢のつけ汁で味わう。豚バラの旨みも加わり、食欲をかき立てる。つけ汁に生卵を投入して味を変化させても楽しい。

蕎麦屋のサンジ 阪急塚口店

阪急電鉄沿線の「若菜そば」を展開する平野屋が手がける、こだわりのそば専門店。毎日店内で製麺することで「打ちたて」「茹でたて」のそばでありながら、リーズナブルな価格で提供する。揚げたての天ぷらや鬼おろしなどの豊富なトッピングや丼物も魅力的だ。

Information

営 月曜～金曜 7:00 ～ 21:30（ラストオーダー 21:00）／土曜・日曜・祝日 10:00 ～ 21:00（ラストオーダー 20:30）

休 無休　TEL 06-6422-3616

IC決済可能

実食Check ☐

サンジのカレーつけ麺 550円

自慢のだしが効いた、濃厚でコク深い風味がたまらない一品。そば専門店ならではの味わいで、寒い季節にぴったりだ。

改札内の店舗でありながら、店舗の外観・内装はきれいで入りやすい雰囲気。店内は、立ち食いカウンターのみ。

主なメニュー

- ☐ 盛りそば　並380円～
- ☐ かけそば　430円
- ☐ わかめそば　430円
- ☐ きざみそば　450円
- ☐ 豚バラつけ麺　460円
- ☐ サンジのカレーつけ麺　550円

JR西日本 ― 山陽新幹線・山陽本線ほか

姫《ひめ》路《じ》駅

天ぷらえきそば

実食Check ☐

480円

黄色い中華麺に、さば節と鰹節による和風だしの組み合わせで有名なえきそばの定番メニュー。トッピングの小海老入りの天ぷら、刻みねぎが麺に絡む。

ごぼう磯辺揚げえきそば

実食Check ☐

530円

ごぼうの磯辺揚げをたっぷりとトッピング。ごぼうのシャキシャキとした食感と、海苔の風味が楽しめる。山陽本線の上り・下りホームの店舗で提供。

山陽本線の上り・下りの各ホームに1店舗ずつある。上りホームの店舗は、姫路駅を起点とする播但線で運行した気動車の姿に。

上りホームの店内は、姫路の版画家・岩田健三郎の作品「えきそばの思い出」が描かれている。

主なメニュー ☑

※山陽本線上下線ホームの店舗

- ☐ 天ぷらえきそば 480円
- ☐ 天ぷらうどん 580円
- ☐ きつねえきそば 480円
- ☐ きつねうどん 580円
- ☐ とり天えきそば 610円
- ☐ 持帰りえきそば（2人前） 600円

えきそば

山陽本線ホームの駅そば店で、中華麺に和風だしという異色の取り合わせで知られる。店を運営するのは、1888（明治21）年創業のまねき食品。終戦後の混乱期に小麦粉が入手できず、うどんに替わる麺を模索するなか、かんすい入りの中華麺を用いた現在のスタイルが生まれた。

Information

営 6:00 ～ 23:00（在来線上り店）／6:00 ～ 20:00（在来線下り店）

休 無休　TEL 079-224-0255（まねき食品）

IC決済可能

ココでも食べられる！

マネキダイニング（新幹線乗降口前）

阪神電気鉄道 本線・阪神なんば線

尼《あまが》崎《さき》駅

実食Check

きつねうどん

440円

定番メニュー。関西風の自家製だし汁は、大判の油揚げとの相性がよく、旨みを引き出す。なお関西では、油揚げをのせたうどんを「きつね」、そばを「たぬき」と呼ぶ。

実食Check

野菜かき揚げうどん 500円

「阪神そば」の人気メニュー。春菊入りのかき揚げは色鮮やかで、サクサクの食感が残る。

季節限定

実食Check

ぶっかけそば

570円

夏季限定の季節商品。生麺を使用した冷やしそばで、暑い夏にぴったり。

尼崎駅の改札内、西改札付近に店を構える立ち食い店。

阪神そば

店名から、阪神電鉄沿線に複数店舗を展開するチェーン店のように思われるが、阪神尼崎駅構内のコンコースにある1店舗のみ。自家製の関西風のだし汁が自慢で、香ばしい香りがホームにまで漂う。1966（昭和41）年に出店し、地元の人々に長く親しまれている。

Information

営 平日6:30 ～ 20:00 ／ 土曜6:30 ～ 21:00 ／ 日曜・祝日7:30 ～ 20:30
休 無休 TEL 06-6412-4283

IC決済可能

主なメニュー

- □ 炙りきざみそば・うどん 410円
- □ たぬきそば・きつねうどん 440円
- □ まる天そば・うどん 460円
- □ 野菜かき揚げそば・うどん 500円
- □ ぶっかけそば 570円・同うどん 560円

阪神電気鉄道・阪急電鉄・神戸電鉄｜神戸高速線

新《しん》開《かい》地《ち》駅

実食Check

ぼっかけうどん 450円

国産の牛スジ肉を甘辛く煮込んだ「ぼっかけ」をのせた一品。トロトロのぼっかけの旨みと、自家製だしのスープのハーモニーがたまらない。

実食Check

昆布うどん 350円

だしの風味を引き立てる昆布が加わると、スープの旨みと昆布の自然な香りが調和し、すっきりした味わいを楽しめる。

新開地 たつの

新開地駅構内にある立ち食い店。1973（昭和48）年創業で、レトロな店の佇まいが目を引く。店の看板メニューである「ぼっかけうどん」は、神戸市長田区のソウルフードとしておなじみ。全メニューがワンコイン以下で楽しめる。

Information

営 11:00～19:00
休 1月1日、7～8月は木曜　TEL なし

現金のみ

L字型カウンターだけのシンプルな店舗。新開地駅8番出口を出てすぐ。

おにぎり（150円）やいなり（200円）は、テイクアウトできる。

主なメニュー

- ☐ 天ぷらうどん・そば 400円
- ☐ ぼっかけうどん・そば 450円
- ☐ 昆布うどん・そば 350円
- ☐ 月見うどん・そば 350円
- ☐ きつね 350円
- ☐ たぬき 350円

鳥《とっ》取《とり》駅

JR西日本 ― 山陰本線ほか

実食Check □

砂丘そば 430円

鳥取名物「あごちくわ」とネギをのせただけのシンプルなメニュー。あごちくわは磯の香りが強く、だしがよく出るので、しばらくつゆの上に浮かべておくのがおススメだ。

実食Check □

餡かけかにめし 1,250円

カニのだしで炊いた炊き込みごはんに、ほぐした身とカニ餡がのる。鳥取駅の名物駅弁「元祖かに寿し」を手掛けるアベ鳥取堂が運営しているため、ごはんメニューもおいしい。

砂丘《さきゅう》そば

山陰エリア随一の観光地、鳥取砂丘にちなむ店名で、ご当地感をアピール。現地ではトビウオを「あご」と呼ぶが、このあごのすり身で作られた「あごちくわ」を、そばのメニューのすべてにトッピングとしてのせている。磯の香りが漂う一杯を味わいたい。

Information

営 6:30 ～ 18:00　休 無休

TEL 0857-26-1311（アベ鳥取堂）

現金のみ

改札外の飲食店街の一画に店舗を構える。かつてはホームにも店舗があった。

主なメニュー

- □ 砂丘そば・うどん　430円
- □ 餡かけかにめし　1,250円
- □ 天ぷらそば・うどん　770円
- □ 肉そば・うどん　660円
- □ ミニカツ丼セット（そば・うどん）880円

岡《おか》山《やま》駅

JR西日本 — 山陽新幹線・山陽本線ほか

ぶっかけうどん

実食Check

640円

いまや倉敷のソウルフードに成長した逸品。麺の上に、ネギ、天かす、うずらの卵、海苔をのせ、甘めのたれとだしを“ぶっかける”。麺の独特のコシを堪能したい。

岡山駅の新幹線上りホーム（23・24番ホーム）で営業している。

倉敷うどん ぶっかけふるいち

うどん店チェーンを展開する「ふるいち」が運営する地元で人気のうどん店が、岡山駅に進出。水、塩、だし、小麦などの厳選した素材で作るうどんは評価が高く、岡山名産品の一つに数えられる。スタッフの接客の丁寧さにも定評がある。

Information

営 9:00 ～ 19:00　休 無休

TEL 086-212-0050

IC決済可能

岡《おか》山《やま》駅

JR西日本 — 山陽新幹線・山陽本線ほか

肉きんぴらうどん・そば

実食Check

660円

うどん・そばに甘辛く味付けた牛肉、金平（ゴボウとニンジン）、かまぼこ、刻みネギがのる。秋季・冬季限定の、店舗随一の人気メニュー。

岡山駅2階、在来線の改札内コンコースで営業している。落ち着いた雰囲気の店構えで、店内はすべてイス席となっている。

めん処 吉備

うどん・そばの多彩なメニューを提供している岡山駅構内の飲食店。朝7時から営業しているので利便性が高く、素うどんと明太子ごはんをセットにした「朝うどんセット」（550円／7～9時に販売）が通勤客に好評だ。岡山名物のままかり寿司も販売している。

Information

営 7:00 ～ 20:30　休 無休

TEL 086-801-0066

IC決済可能

JR西日本｜山陰本線

出《いず》雲《も》市《し》駅

実食Check

琴《こと》弾《びき》割《わり》子《ご》

1,370円

3枚の割子に香り豊かな出雲そばを盛り付け。1枚目に舞茸天ぷら、2枚目にとろろ、3枚目に山菜とおろしがのる。つゆと薬味を直接かけて食べるのが地元の食べ方だ。

駅前にあるホテルの1階で営業。本店（島根県飯南町）は、1922（大正11）年創業の老舗だ。

奥出雲そばどころ 一福

1922（大正11）年創業の出雲そばの老舗店が、出雲市駅前に進出。出雲そばは、割子と呼ばれる三段重ねの漆器にそばを盛って食べる風習があり、その「割子そば」が味わえる。

Information

営 11:00 ～ 15:00、16:00 ～ 19:00（ラストオーダー 30分前）
休 水曜（祝日等は変動あり）
TEL 0853-24-4206

IC決済可能

JR西日本｜山陰本線

出《いず》雲《も》市《し》駅

実食Check

天ぷら手打ち割子そばセット（3枚）

1,580円

3段重ねの割子で提供された手打ちの出雲そばと、揚げたての天ぷらのセット。

スサノオラーメン

880円

実食Check

地元産味噌にこうじをブレンドしたスープが自慢。日本神話のスサノオの剣をかたどったかまぼこをトッピング。

店舗は、改札を出てすぐ。

出雲の國 麺家 JR出雲市駅店

「出雲の國 麺家」は、出雲大社の参道に連なる神門通り、出雲縁結び空港3階、そしてこの店の3店舗があり、出雲そば、ラーメン、しまね和牛どんぶりなどメニューは幅広い。店内には山陰の鉄道写真などが飾られている。

Information

営 10:00 ～ 19:00　休 無休
TEL 0853-25-1169

IC決済可能

JR西日本 木次線

亀《かめ》嵩《だけ》駅

LONG SELLER ロングセラー

実食Check

割子そば（3段） 860円

三段に重なった丸い器に出雲そばが入る。殻付きのそばの実を石臼で挽き、奥出雲の水で手打ちされたそばは、コシがあり、濃厚なつゆとよく合う。

扇《おうぎ》屋《や》そば

名作映画『砂の器』（1974年）にロケ地として登場した亀嵩駅にあるそば処。そばの実を皮ごと製粉するため色が濃く、香り高い出雲そばが堪能できる。定番メニューは、冷たい「割子そば」と温かい「釜揚げそば」で、どちらもそばつゆをかけていただくのが特徴だ。

実食Check

釜揚げそば 860円

ゆでたてのそばと、そば湯をそのまま器に盛り付けた出雲そば。栄養たっぷりのそば湯も一緒にいただくので、健康食としても注目されている。

Information

営 10:00 ～ 15:00（オーダーストップ）
休 火曜日（祝日の場合は営業）
℡ 0854-57-0034

IC決済可能

昭和の面影を残す亀嵩駅舎。店は1973（昭和48）年創業で、店主は駅長も務めている。

主なメニュー

- □ 割子そば（3段） 860円
- □ 釜揚げそば 860円
- □ 月見そば（玉子入り） 970円
- □ 山かけそば（とろろ入り） 1030円
- □ 山月そば（とろろ・玉子入り） 1,120円
- □ 亀嵩駅そば弁当（持ち帰り） 750円

JR西日本
山陽新幹線・山陽本線ほか

広《ひろ》島《しま》駅

実食Check

赤辛うどん

580円

麺に唐辛子を練り込み、スープには特製赤味噌を使用。旨味と辛味が絶妙なバランスで、辛いもの好きにはたまらない一杯。

実食Check

手作り かき揚げうどん

550円

大き目のかき揚げをのせたボリューム満点の一品。かき揚げのサクサクの食感を味わうのはもちろん、出汁に浸してしんなりとさせて食べるのも美味。

驛《えき》麺《めん》家《や》

1901（明治34）年創業の老舗で、広島駅の駅弁を手がける広島駅弁当が運営。かつては在来線の各ホームに店舗を構えて親しまれ、古くからのファンも多い。赤い麺が特徴の「赤辛うどん」が名物で、そば・うどんのほかにラーメンも提供する。

広島駅改札内の跨線橋に位置する。清潔感があり、女性も入りやすい雰囲気。

主なメニュー

- ☐ 赤辛うどん 580円
- ☐ 手作りかき揚げそば・うどん 550円
- ☐ 広島熟成鶏天そば・うどん 560円
- ☐ ラーメン 600円

Information

営 6:00～21:00 休 無休
TEL 082-261-1678（広島駅弁当）

IC決済可能

奈《な》良《ら》駅

JR西日本｜JR関西本線・奈良線ほか

大和牛の肉うどん

実食Check

850円

鎌倉時代から続くという奈良県が誇る和牛ブランド、大和牛をぜいたくに使用したうどん。脂身の口溶けがよい大和牛は、風味豊かで味わい深く、本場・香川仕立てのだしが効いたうどんによく合う。

“うどん・そば・呑み処”として、多様なニーズに対応。店内にはカウンター席とテーブル席がある。

Information

営 11:00 ～ 22:00
(ラストオーダー 21:30)
休 無休　TEL 0742-23-1154

IC決済可能

うどん・そば・呑み処 三条坊

JR奈良駅直結の商業施設「ビエラ奈良」にある食事処で、奈良交通が運営している。昼はうどん・そばを中心としたメニューを提供する食堂、夜は半個室風の居酒屋として利用できる。地元の大和牛や地酒をはじめ、奈良の食材を生かした一品料理を堪能しよう。

大《おお》津《つ》駅

JR西日本｜東海道本線

近江ちゃんぽん

実食Check

770円

和風醤油の黄金だしに、野菜と豚肉などの具がたっぷり入ったおいしく健康的な一杯。

JR大津駅直結の商業施設「ビエラ大津店」の1階で営業。

Information

営 11:00 ～ 23:00
(ラストオーダー 22:30)
休 無休　TEL 077-572-9912

IC決済可能

ちゃんぽん亭総本家 ビエラ大津店

1963(昭和38)年創業の「麺類をかべ」を原点とするちゃんぽん・ラーメン専門店。看板メニューの「近江ちゃんぽん」は、近江市民のソウルフード。厳選食材を使用した黄金だしと、自家製中華麺にこだわり、職人が手鍋で煮込んで仕上げている。

京《きょう》橋《ばし》駅

京阪電気鉄道 ｜ 京阪本線

実食Check

梅そば

400円

大粒の梅漬けがトッピングされている。酸味が強いので、梅を少しずつかじりながら食べ進めると、最後までさっぱりとした味わいが続く。

京阪電鉄京橋駅改札内の
2階コンコースにある。

Information

営 平日7:00 ～ 22:00／
土曜11:00 ～ 22:00／
日曜・祝日11:00 ～ 21:00
休 無休　TEL 06-6357-3006

現金のみ

秀吉《ひできち》

ボクシングの「大阪帝拳ジム」が運営する駅そば店。総じて低価格で、「かけそば・うどん」300円から。地鶏の玉子を使用した「玉子かけごはん（200円）」もおいしいので、そば・うどんとセットでいただこう。店内は広く、立食カウンターとテーブル席数卓がある。

大阪《おおさか》阿部野《あべの》橋《ばし》駅

近畿日本鉄道 ｜ 南大阪線

実食Check

大盛紅白うどん・そば

450円

そば1玉と細うどん1玉を、1杯の中に合盛りにしたボリューム満点の一品。麺はやわらかめで、つゆはほどよい濃さ。

のれんや赤ちょうちんが、
昭和の雰囲気を醸し出す。
店内はカウンター席のみで、
一部イスも設置されている。

Information

営 7:00 ～ 16:30
（土曜・日曜・祝日は16:00まで）
休 無休　TEL 06-6624-7115

現金のみ

王冠《おうかん》

地下の近鉄大阪阿部野橋駅から地上のJR天王寺駅へ向かう通路の階段踊り場にある立ち食い店。うどん・そばに加えラーメン、丼物も提供している。かけそば・うどん290円をはじめ、すべてのメニューが格安だ。

近《きん》鉄《てつ》八《や》尾《お》駅

近畿日本鉄道 大阪線

実食Check □

カレーそば

500円

だしの旨みが感じられるカレーの上に、青ネギをトッピング。食欲をかき立てる一杯だ。

改札外の高架下に店を構える。"立喰いうどん"を名乗るが、店内には座席がある。

立喰いうどん 河内《かわち》うどん

天ぷらうどんや月見うどんなどの定番に加えて、もつうどんやにしんうどんなど、地元で親しまれているローカルメニューもラインナップ。エビフライ丼やカキフライ丼など丼物も充実している。早朝から営業しているので、利便性が高い。

Information

営 6:30～17:00
休 月曜
TEL 072-996-7587

現金のみ

吹《す》田《た》駅

JR西日本 東海道本線

実食Check □

きざみうどん

510円

「きざみうどん」は、味付けされていない油揚げを細かく刻んでトッピングした、関西ではお馴染みのメニュー。注文を受けて「茹でたて」「揚げたて」で提供され、麺には独特のコシがある。

実食Check □

天ぷらうどん 590円

自家製の天ぷら（海老天）をのせた一品。やさしい味わいのつゆと絡めて、天ぷらを味わおう。

JR吹田駅の高架下に店を構える。店内はカウンター席のみで、イスが用意されている。

駅うどん 吹田店

きつねうどんや天ぷらうどんといった定番に加え、天丼や牛丼などの丼物、さらにセットメニューも充実しており、夏には冷たいメニューも楽しめる。店名に「駅うどん」とあるが、うどんだけでなくそばも提供。出前サービスも行い、多様なニーズに対応している。

Information

営 7:00～23:00　休 無休
TEL 06-4860-2770

現金のみ

水間鉄道
水間線

水《みず》間《ま》観《かん》音《のん》駅

実食Check

金胡麻木うどん 温だし・冷つゆ

各800円

京都のごま専門店が手掛ける杵つき金ごまをたっぷり使用。特製のつゆは温・冷を選ぶことができ、いずれも麺によくマッチする。

実食Check

飩花（どんファ）

800円

金胡麻木うどんを、台湾スイーツ「豆花（トウファ）」をイメージして大胆にアレンジ。ココだけでしか味わえない"うどんスイーツ"として人気を集める。

実食Check

おにぎり 150円

京都のごま専門店の杵つき黒ごまに、鳴門わかめをブレンドしたごま塩を使用。黒ごまと磯のほのかな風味が楽しめる。

水間観音駅の構内で営業している。

金《きん》胡《ご》麻《ま》木《き》うどん

奈良時代創建の水間寺の玄関駅、水間観音駅で営業しているうどん店。「開運招福を願ってふるまわれるうどん」をイメージし、麺に香り豊かな杵つき金ごまを練り込み、"運と道が開けるように"と幅広の板状に仕上げた。

Information

営 金曜・土曜・日曜・祝日・毎月18日の11:00 ～ 17:00
TEL 072-422-4567
（水間鉄道 平日9:00 ～ 17:00）

現金のみ

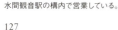

JR西日本 ― 加古川線

小《お》野《の》町《まち》駅

ざる蕎麦（二八）

実食Check

800円

地元産のそば粉を使った手打ちそばは、香り高くてコシがある。昆布やカツオ節を効かせた麺つゆとの相性抜群で、豊かな風味が広がる。なお、300円プラスで十割そばにもできる。

無人駅のJR小野町駅の中で、本格的なそば屋が営業している。

Information

営 そば10：00 ～ 14：00／
巻き寿司・弁当9：00 ～ 14：00
※売り切れ次第終了

休 水曜（祝日をのぞく）

TEL 0794-62-5116

現金のみ

ぷらっときすみの

駅構内に店を構えるそば屋。地元の小野市来《き》住《し》地区でとれたそば粉を用いた本格的な手打ちそばは、風味や香りが抜群で、地元の人気店になっている。そばのほかに、手作りの巻き寿司や惣菜などの販売も行っている。

JR西日本 ― 福塩線

備《びん》後《ご》矢《や》野《の》駅

実食Check

福《ふく》縁《えん》阡《せん》うどん

555円

カマボコとワカメ、キビ、ウメ、ヨモギの3種の丸餅が入り、彩りはもちろん、腹持ちもよい。25円を追加すると、駅名の焼き印入りの特製のお守りがもらえる。

1938（昭和13）年開業時の木造駅舎で営業。店舗は地域の人々の集いの場にもなっている。

Information

営 10：00 ～ 16：00

休 月曜～水曜

TEL 0847-62-2138

現金のみ

矢野駅食堂

無人駅の駅舎の中にあり、路線名にあやかった「福縁阡うどん・そば」が人気だ。このネーミングは、“福の縁が千ほどたくさんあるように”という願いを込めたもので、口コミやインターネットで評判に。コーヒーや紅茶、ケーキセットもあるので喫茶としても利用できる。

松《まつ》江《え》駅

JR西日本 ― 山陰本線

奥出雲割《わり》子《こ》そば（三段）

960円

実食Check

奥出雲在来種「横田小そば」を使い、職人が手打ちした二八そば（そば粉8に対してつなぎ2）。そばだしには、奥出雲の井上醤油店の古式醤油を使用している。

店内はカウンター席のみ。店舗はJR松江駅の改札口付近にあるので、利便性が高い。

Information

営 11:00 ～ 20:30（ラストオーダー 20:00）
休 不定休（シャミネ松江に準じる）
TEL 0852-61-3750

IC決済可能

出雲そば たたらや

松江駅の駅弁の製造・販売を行う「一文字家」が運営する本格手打ちそば店。奥出雲の名店で修行した職人が手打ちした、こだわりの出雲そばを楽しめる。駅直結の商業施設「シャミネ松江」で営業している。

小《お》野《の》田《だ》駅

JR西日本 ― 山陽本線・小野田線

実食Check

肉うどん

490円

肉の旨味があっさり味のつゆに溶け出し、豊かな味わいをもたらす一杯。トッピングの天かす、ネギ、カツオブシは、セルフサービスで自由に投入できる。

店舗外観は、木目調の落ち着いた雰囲気。

Information

営 6:45 ～ 15:00
休 年末年始　TEL なし

現金のみ

駅うどん 日の出屋

JR小野田駅にある立ち食いうどんの店。駅そば店の撤退を受け、駅前の居酒屋店の店主が駅に活気を取り戻すため、2021（令和3）年にオープンさせた。柔らかめの丸い細麺のうどんを提供しており、だしにはカツオ節やサバ節を使用。香り高く、やさしい味わいが楽しめる。

宇《う》部《べ》駅

JR西日本 山陽本線・宇部線

実食Check

えび天うどん

550円

うどんの上にえびの天ぷらをのせ、ちくわの輪切り、カマボコ、ネギをトッピング。うどんの断面が丸いのが、「宇部丸うどん」の特徴だ。

宇部駅の待合室に面して、昔ながらの駅そば店が営業している。

Information

営 5:00 ～ 14:00
※10:00 ～ 11:00は休業
休 土曜・日曜
TEL なし

現金のみ

味一 宇部店

JR宇部駅構内で営業している立ち食い店。この店で使用するうどんは、柔らかくて断面が丸い「宇部丸うどん」で、かつて炭鉱労働者たちに食べやすいと好まれて根づいたものだという。早朝から営業しているが、閉店時間は14時なので、訪れる際は時間に注意しよう。

下《しもの》関《せき》駅

JR西日本 山陽本線ほか

実食Check

ふく天そば

720円

シロサバフグの一夜干しをまるごと1匹揚げた天ぷらがのる。フグの形をしたカマボコが添えられる。

改札外のコンコース1階に店を構える。

Information

営 7:00 ～ 19:00　休 無休
TEL 080-9137-2435

現金のみ

味《あじ》一《いち》

下関駅はホームの立ち食いうどん店が有名だったが、閉店となった現在は、改札外のコンコースにある「味一」で駅うどんを堪能しよう。“ふく天”こと、フグの天ぷらがのった「ふく天うどん」が有名で、椎茸などの具材が散りばめられた「かやくうどん」や「もずくうどん」も人気。

第6章

駅そば図鑑

四国・九州

高松駅
徳島駅
今治駅
小倉駅
黒崎駅
博多駅
鳥栖駅
熊本駅
別府駅
大分駅
宮崎駅
長崎駅
鹿児島中央駅

高《たか》松《まつ》駅

JR四国 予讃線・高徳線

釜揚げうどん 640円

実食Check □

茹でたてのうどんを茹で汁とともに盛りつけ。しっかりしたコシともっちりした食感のうどんを、自慢のだし汁で味わう。

王《わん》さんの卵とじうどん 880円

実食Check □

ベーコンや椎茸などが入った中華風卵とじうどん。絶妙な酸味とアクセントを与えるラー油の辛味が効いたスープが絶品の、人気の一品。

杵屋 高松オルネ店

讃岐伝統の手打ちうどんの技法を取り入れ、うどんは店内で製麺しており、もっちりつるつるの讃岐の麺と大阪のだしで愛されている。うどんだけでなく、こだわりのカレーうどんや定食などバラエティ豊かなメニューを取り揃える。

Information

営 11:00 ～ 21:00（ラストオーダー 20:30）
休 無休（高松オルネに準じる）
TEL 087-811-5177

IC決済可能

うどん打ちの実演シーンを店頭で見ることができる。JR高松駅直結の商業施設「高松オルネ」2階で営業。

高《たか》松《まつ》駅

JR四国 予讃線・高徳線

讃岐うどんにエビや野菜の天ぷらをトッピング。さらに海苔の風味や山芋のとろろ、卵のまろやかさも相まって食べごたえ満点だ。風味豊かなだしは後がけでいただく。

実食Check □

山海うどん 1,100円

うどん匠 郷屋敷

讃岐うどんと会席料理が楽しめる讃岐うどん料理店の支店が、JR高松駅を出てすぐの商業施設「マリタイムプラザ高松」で営業している。国産小麦100%を使った麺と和食職人が仕込むだしは絶品だ。

「マリタイムプラザ高松」のホール棟3階で営業。店内にはテーブル席のほか、座敷もある。

Information

営 11:00 ～ 15:00 ／ 17:00 ～ 20:30（ラストオーダー各30分前）
休 水曜・1月1日　TEL 087-822-1128

IC決済可能

徳《とく》島《しま》駅

JR四国 ― 高徳線・牟岐線ほか

一番人気

実食Check

祖谷《いや》仕立てそば（二八）550円

「麺家れもん」の定番メニュー。そば粉は徳島県三好産。祖谷そばのように素朴な太麺に仕立てている。昔ながらの製法にこだわり、石臼で挽き立てたそばの香りがたまらない。伊吹島の煮干しベースの自家製つゆはやさしい味ですっきり飲みやすい。

徳島駅の2番ホームで営業。改札内にあるので、駅利用者以外は入場券の購入が必要だ。

麺家れもん

社会福祉法人カリヨンが経営する駅そば店で、徳島県祖谷《いや》地方の「祖谷そば」を手打ちで提供する。そばは、太くて短く素朴な味わい。そばのほか、金時豆を使った「山菜ちらしずし」、天ぷら、うどんなどのメニューもある。

Information

営 11:00 ～ 14:00
休 土曜・日曜・祝日
TEL 088-679-8824

現金のみ

主なメニュー

- ☐ 祖谷仕立てそば（二八）550円
- ☐ 和風らーめん 450円
- ☐ きつねそば 650円
- ☐ かけうどん 450円

JR四国 予讃線《よさん》

今《いま》治《ばり》駅

実食Check □

じゃこ天うどん

850円

食べやすいように2つにカットされたじゃこ天がのる。うどんとともに甘めのダシとからんだじゃこ天の味が格別だ。

鯛めし御膳（鯛めし・煮物・小うどん・香物ほか）

実食Check □

1,620円

来島海峡の鯛を使い、骨とアラからとった濃厚なダシ汁で炊いたご飯の上に、鯛の身がのる。野菜の煮物やエビ、玉子焼き、漬物などのおかずも絶品だ。

駅構内にあり、気軽に立ち寄れる。店内は駅弁販売店も兼ねている。

二《ふた》葉《ば》

駅弁の製造・販売も手掛けている「二葉」が営業している食事処。愛媛名物「じゃこ天うどん」をはじめとしたうどん類のほか、「鯖押し寿司」や「あなごの押し寿司」などのご飯ものメニューも魅力だ。鯛の上品な香りが漂う「鯛めし御膳」は、ぜひ味わいたい一品。

Information

営 11:00 ～ 18:30　休 無休

TEL 0898-34-1188

IC決済可能

主なメニュー

- □ かけうどん 550円
- □ じゃこ天うどん 850円
- □ 肉うどん 850円
- □ 天ぷらうどん 970円
- □ 日替わり定食 1,080円
- □ あなご押し寿司 700円
- □ 鯛めし御膳 1,620円

JR九州―鹿児島本線ほか

小《こ》倉《くら》駅

LONG SELLER
ロングセラー

実食Check

きつねうどん

550円

甘辛く煮た鶏肉をのせた「かしわうどん」に、きつね(油揚げ)をトッピングした。日田天領主水を使用してだしをとったスープもおいしい。北九州市民にとってのソウルフードとも呼べる一杯だ。

1・2番ホームの店舗。吹きさらしの立食スタイルの店構えは、懐かしさを覚える。朝から晩まで利用者が絶えない。

ぷらっとぴっと

「北九州駅弁当」が運営する立ち食いうどん店。在来線ホームに2店舗、1・2番ホームと7・8番ホームにあり、通勤・通学利用者のみならず観光客の舌もうならせてきた。名物の「かしわうどん」は食べごたえがあり、ツユも最後まで飲みたくなるおいしさだ。

Information

営 7:00 ～ 21:00　休 無休

TEL 093-533-0111(北九州駅弁当)

IC決済可能

JR九州―鹿児島本線ほか

小《こ》倉《くら》駅

実食Check

玄海うどん

720円

牛肉、油揚げ、生卵、かまぼこ、ネギ、ワカメをトッピングした豪華版うどん。

かしわうどん

480円

かしわ肉はショウガの風味がほんのりと香る。見た目以上に食べごたえがあり、昆布の効いた醤油味のダシと絶妙にマッチする。

実食Check

小倉駅在来線の改札内、連絡通路沿いにある。

玄海うどん店

JR小倉駅の中でも、人通りの多い連絡通路沿いに店を構える。電車の乗り換えなどのスキマ時間に腹ごしらえをするならココだ。北九州のご当地グルメ「かしわうどん」も提供するが、店名になっている「玄海うどん」は具だくさんなのでオススメ。

Information

営 8:00 ～ 20:00　休 無休

TEL 093-522-4461

IC決済可能

LONG SELLER
ロングセラー

JR九州
鹿児島本線

黒《くろ》崎《さき》駅

実食Check

全部うどん 710円

かしわ（鶏肉）、きつね（油揚げ）、ごぼう天、丸天（魚のすり身）、わかめ、月見（玉子）、えび天をトッピングした豪華なうどん。見た目もお腹も大満足、間違いなしだ。

かしわうどん 410円

実食Check

鰹節と昆布をベースにしただし汁に、甘めに味付けされたかしわ肉、かまぼこ、ネギがのる。

2019（平成31）年4月にリニューアル・オープン。駅の改札を出てすぐ。

東筑軒《とうちくけん》

創業100年を超える老舗「東筑軒」が運営。同社は、北九州・折尾の名物駅弁「かしわめし」を製造・販売しており、その味が楽しめる「かしわうどん」が定番メニューだ。豪勢にいきたい時は、ごぼう天、丸天などの九州名物を一度に味わえる「全部うどん」がオススメ。

Information

営 7:00 ～ 17:00　休 無休
TEL 093-601-2345（代表）

現金のみ

主なメニュー

- □ かしわうどん・そば 410円
- □ ごぼう天うどん・そば 510円
- □ 丸天うどん・そば 510円
- □ わかめうどん・そば 510円
- □ とり天うどん・そば 560円
- □ えび天うどん・そば 610円
- □ 全部うどん・そば 710円
- □ かしわおにぎり1個 130円

ココでも食べられる！

折尾駅、若松駅、直方駅、赤間駅、福間駅

JR九州
九州新幹線・鹿児島本線ほか

博《はか》多《た》駅

フレーク状のかしわ、ネギをトッピング。かしわの旨みがスープに合わさって味わい深い。博多うどん特有のやわらかめの麺だが、喉ごしもよい。

実食Check

かしわうどん
570円

博多駅の3・4番線ホームの端（小倉寄り）で営業。立ち食いカウンターの下に、荷物入れもある。

博多ホームうどん店

JR九州のグループ会社が運営している立ち食いうどん店。かけうどんなど一部メニューを除き、うどん・そばにご当地名物のかしわ（鶏肉）が入る。博多駅の3・4番線ホームに店を構え、乗車前のわずかな時間に利用できるので便利だ。

Information

営 7:00 ～ 22:00　休 無休
TEL 090-6472-9922

IC決済可能

JR博多駅のホームでは「博多ラーメン」も味わえる！

JR博多駅のホームでは、うどん・そばの店だけでなく、博多ラーメンがあるのも魅力的。定番メニューは、濃厚な豚骨スープの「白うまラーメン」と、辛みを加えた「赤うまラーメン」。本場・博多らしく、替え玉（110円）も可能。店舗は、1・2番ホームの「まるうまラーメンぷらっと博多No.1」と、5・6番ホームの「まるうまラーメンぷらっと博多No.3」の2つ。

実食Check

白うまラーメン 650円

旨みたっぷりの白濁スープは、意外に後味がさっぱりで食べやすい。麺はもちろん極細。

実食Check

赤うまラーメン
750円

オリジナルブレンドした辛味噌が豚骨スープにアクセントをつける。

Information

まるうまラーメンぷらっと博多No.1

営 7:00 ～ 23:00（日曜・祝日は21:00まで／ラストオーダー 15分前）
休 無休　TEL 092-475-9317

まるうまラーメンぷらっと博多No.3

営 11:00 ～ 21:00（ラストオーダー 15分前）
休 無休　TEL 092-411-8632

IC決済可能

1・2番ホームの「まるうまラーメンぷらっと博多No.1」。ラーメンの匂いにつられて、思わず立ち寄りたくなる。

LONG SELLER
ロングセラー

JR九州
鹿児島本線・長崎本線

鳥《と》栖《す》駅

かしわうどん

460円

実食Check

だし汁は煮干しと昆布を使った薄味で、甘辛く煮て細かく刻んだかしわ（鶏肉）との組み合わせは抜群。レモンをトッピングで加えた「レモンうどん」（540円）は酸味がアクセントになり、「想像以上においしい」と話題だ。

鳥栖駅のホームに3店舗、改札横に1店舗。どれも同じ味のはずだが、5・6番線ホームの店舗がうまいという噂がある。

中央軒《ちゅうおうけん》

九州初となる立ち食いうどん店として知られ、1956（昭和31）年から営業。看板商品の「かしわうどん」はだしの効いたつゆとやわらかいうどん、かしわ肉のハーモニーがたまらない。サッカー・サガン鳥栖のホームスタジアム最寄駅のため、試合開催日は多くの客が押し寄せる。

Information

営 7:00 ～ 21:00　休 無休

※1・2番ホーム、3・4番ホームの店舗は、土曜・日曜・祝日の11:00 ～ 15:00

TEL 0942-82-3166

IC決済可能

主なメニュー

- ☐ 月見うどん・そば 540円
- ☐ ごぼう天うどん・そば 580円
- ☐ 丸天うどん・そば 600円
- ☐ かしわうどん・そば 460円
- ☐ えび天うどん・そば 600円
- ☐ いなり一皿 180円

熊《くま》本《もと》駅

JR九州

九州新幹線・鹿児島本線・豊肥本線

実食Check

タイピーエン

820円

もともとは中国・福建省の郷土料理だったが、いまや熊本の名物になった。日本でアレンジされて、鶏ガラスープと春雨を使い、野菜や魚介などの具材をたっぷり入れた麺料理に。

実食Check

さくらうどん

680円

さくらは馬肉のこと。甘辛く煮た味付けと柔らかい食感がやみつきに。肉の旨みがダシに溶け込むと、独特の味わいとなる。

火の国うどん

実食Check

720円

辛子蓮根や馬肉、日奈久ちくわと、熊本の名産品が一度に味わえる。うどんはコシのあるモチモチした食感、ダシは薄味でトッピングの具ともよく合う。

JR熊本駅の新幹線改札内・改札外（待合室の奥）のいずれからも利用可能。改札内側は立ち食いのカウンター席、待合室側はテーブル席となっている。

まるうまうどん

九州新幹線が全線開業した平成23（2011）年にオープン。馬肉を使った「さくらうどん」だけでなく、熊本の名産品をトッピングとして詰め込んだ「火の国うどん」など熊本らしいメニューが人気を博している。うどん・そばだけでなく、熊本の名物料理「タイピーエン」もオススメだ。

Information

営 8:00 ～ 15:00　休 無休

TEL 096-355-3554

IC決済可能

主なメニュー

- □ かけうどん・そば　450円
- □ かしわうどん・そば　580円
- □ 辛子蓮根うどん・そば　650円
- □ さくらうどん・そば　680円
- □ 海老天うどん・そば　720円
- □ 火の国うどん・そば　720円
- □ タイピーエン　820円
- □ 高菜飯　380円

JR九州｜日豊本線

別《べっ》府《ぷ》駅

実食Check □

別府冷麺

750円

別府を代表するご当地グルメ。小麦粉とそば粉を使った自家製麺はコシがあり、スープは和風だしであっさり。

実食Check □

とり天 750円

新鮮な九州産の若鶏を使い、衣はカリっと中はジューシー。自家製のタレも絶品。

店の前にはテーブル席も用意されており、フードコートのような雰囲気だ。

Information

営 10:30 ～ 19:00
※変更の場合あり

休 無休

TEL 0977-26-1110

IC決済可能

なつま屋

大分名物のとり天、から揚げ、かぼすを使用した製品などを全国に販売する「なつま屋」。駅ビル「えきマチ1丁目別府」内にあるこの店では、別府冷麺や日田焼きそばなど大分のご当地グルメも提供しており、大分の味を存分に楽しめる。

JR九州｜日豊本線・久大本線ほか

大《おお》分《いた》駅

実食Check □

やみつき特製赤担々麺

913円

豚骨スープにラー油や唐辛子などで辛味を加え、ゴマの風味が相まったコク深い一杯。特製の平打ち麺や大きめのミンチ肉とも相性がよく、旨み、辛み、濃厚さの三拍子を堪能できる。

商業施設「アミュプラザおおいた」の3階で営業。

Information

営 10:00 ～ 20:00
(ラストオーダー 19:45)

休 アミュプラザおおいたに準じる

TEL 097-589-8272

IC決済可能

大分担々麺 火竜

九州人が愛する豚骨ラーメンの豚骨スープをベースにしたオリジナル担々麺「大分担々麺」を提供。焦がしニンニクの黒担々麺や汁なし担々麺も人気で、お酒を飲んだ後のシメの一杯を味わうのにもぴったり。JR大分駅に隣接する商業施設「アミュプラザおおいた」で営業。

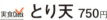

JR九州
日豊本線

宮《みや》崎《ざき》駅

実食Check

えびうどん
510円

尻尾が器から飛び出るほどの大きな海老の天ぷらが入ったボリューム満点の一品。サクサクの衣とプリッとしたエビの食感に舌鼓を打つこと間違いなし。

実食Check

すきやきうどん
730円

すき焼き風に味付けした肉と、とろりとした温泉卵、ネギをトッピング。うどんとだしに温泉卵をからめていただくと、風味の変化も堪能できる。

天玉かうどん
490円

実食Check

定番3品（天ぷら、玉子、たぬきの“かけ”）をトッピングし、それぞれの頭文字から「天玉か」と命名。店員と客の合言葉から生まれた人気商品だ。

JR宮崎駅の改札出てすぐに位置し、乗り換えの合間に利用できるので便利。

三角茶屋 豊吉《とよきち》うどん

1932（昭和7）年創業の宮崎うどんの老舗で、“安くて、うまくて、盛りがいい”と、地元の人々や観光客に人気。魚介系のだしと柔らかめのうどんが、エビ天や肉、卵などのトッピングの味を引き立てている。持ち帰り用の容器（無料）で、車内に持ち込んで味わうこともできる。

Information

営 7:00 ～ 21:00　休 1月1日
TEL 0985-22-3377

IC決済可能

主なメニュー

- □ たぬきうどん・そば 340円
- □ ごぼううどん・そば 440円
- □ おぼろうどん・そば 430円
- □ 天玉かうどん・そば 490円
- □ えびうどん・そば 510円
- □ 肉うどん・そば 630円
- □ すきやきうどん 730円
- □ 天ぷらうどん・そば 380円

ココでも食べられる！

宮崎市内に計6店舗

※駅構内は、JR宮崎駅のみ
※メニュー・値段は一部異なる

長《なが》崎《さき》駅

JR九州｜西九州新幹線・長崎本線ほか

実食Check

上ちゃんぽん

1,540円

長崎県産の車エビや剣先イカ、長崎のブランド肉、芳寿豚《ほうじゅとん》などのたっぷり具材でコクが増す。オリジナルの鶏ガラスープが麺や具材に絶妙にマッチする。

JR長崎駅の改札を出て正面にある商業施設「長崎街道かもめ市場」のご当地レストランゾーンで営業。

ちゃんぽん 蘇州林《そしゅうりん》

本場・長崎中華街にあるちゃんぽん・皿うどんの人気店が、長崎駅に出店。鶏ガラスープにこだわったちゃんぽんと通常よりも細い極細麺の皿うどんが人気で、チャーハンや中華点心もオススメだ。

Information

営 11:00 ～ 22:00
(21:15オーダーストップ)
休 無休
TEL 095-801-1062

IC決済可能

長《なが》崎《さき》駅

JR九州｜西九州新幹線・長崎本線ほか

実食Check

五島うどん食べ比べセット

1,100円

コシがある長崎・五島列島のご当地うどんを、定番のあご（トビウオ）だしに加え、オリジナルの鯛だし、鶏だしの3種で食べ比べ。長崎県産の素材にこだわり、数量限定で販売。

駅直結の商業施設「長崎街道かもめ市場」のご当地レストランゾーンで営業。

五島うどん だしぽんず

日本三大うどんの一つにも数えられる「五島うどん」をメインに、四季折々の長崎の食材を生かした料理とお酒を提供する飲食店。店名の通りに「だし」にこだわり、五島うどんの可能性を追求した数々の創作うどんを味わいたい。

Information

営 10:00 ～ 22:00
(21:15オーダーストップ)
休 無休
TEL 095-895-9211

IC決済可能

JR九州

九州新幹線・鹿児島本線・指宿枕崎線

鹿《か》児《ご》島《しま》中《ちゅう》央《おう》駅

実食Check

豚軟骨うどん

670円

鹿児島の黒豚をトロトロに煮込み、うどんにトッピング。柔らかくジューシーで食べごたえも抜群。

つけ揚げうどん 590円

実食Check

さつま揚げの名で全国的に知られる「つけ揚げ」は、本場モノはより魚の風味が強い。かまぼこ、ワカメ、ネギとともに、鹿児島の海の幸を感じながら味わおう。

新幹線改札内にあり、駅弁店、焼酎バー、うどん・そば店が連なる。注文は、券売機でチケットを購入してカウンターに渡す。

パティオ鹿児島店

九州新幹線の終点、鹿児島中央駅。その新幹線改札内で営業するうどん店では、濃厚な旨みが堪能できる「豚軟骨」、魚のしっかりした風味が魅力の「つけ揚げ」など、鹿児島名物をトッピングしたうどんを味わいたい。

主なメニュー

- □ 温玉うどん・そば 590円
- □ つけ揚げうどん・そば 590円
- □ ごぼう天うどん・そば 620円
- □ 海老天うどん・そば 700円
- □ 豚軟骨うどん・そば 670円
- □ とろろうどん・そば 630円
- □ さつま揚げ 330円

Information

営 7:00～19:00 休 無休

TEL 099-286-4707

現金のみ

うどん好きは必見！

鉄道で巡りたい

さぬきうどん巡礼

手軽に楽しめる「さぬきうどん巡り」が、いまや香川県を訪れる観光の定番になっている。
ここでは、香川県内の鉄道沿線にある駅近のうどん店から、9軒を厳選して紹介。
鉄道旅と一緒に本場のさぬきうどんを堪能してみよう。

写真・文／坪内政美

JR 予讃線 高松駅

実食Check

めりけんや 高松駅前店

寝台特急で到着したらまずはココへ

高松の駅からスグという好立地に店を構え、年中無休なのもうれしい。イリコ、鰹のブレンドだしは美しく、モチモチ感がたまらない麺は食べ応え充分だ。早朝から開店しているので、寝台特急「サンライズ瀬戸」で高松に着いたらまずはココを利用しよう。

だしの透明感をご覧あれ！

大阪・東京にも支店がある香川発信のうどん店

住 香川県高松市西ノ丸町6-20
営 7:00～20:00 TEL 087-811-6358
休 無休 徒 高松駅から徒歩2分

JR予讃線 坂出駅

実食Check

日の出製麺所

開店時間はわずか60分、行列は必至！

創業から90年以上の歴史を持つ贈答・みやげ用うどんの製麺所が本業。「できたてを食べてもらいたい」というこだわりもあって、昼時の1時間しか営業しないという希少な店だ。オススメは「ぶっかけ」で、ネギはハサミを使って自分で切って入れるのが面白い。

できたての絶品うどんをお好みの食べ方で

いつも行列ができる人気店。入店前にうどんの食べ方と玉数、卵の有無を注文するシステムで、おかわりもできる

住 香川県坂出市富士見町1-8-5
営 11:30頃～12:30 TEL 0877-46-3882
休 不定休 徒 坂出駅から徒歩15分

さぬきうどんの主なメニュー

【かけ】「かけうどん」の略。黄金で透き通っただしは、もはや芸術品。それを崩さない程度で薬味を入れ、天ぷらなどをトッピングしよう。

【釜あげ】 茹であがった麺は冷水で締めるのが一般的だが、それをせずに釜から直接どんぶりに供される。独特の“ぬめり”で喉ごし抜群だ。

【釜玉】 いわば“和製カルボナーラ”。熱々の釜あげうどんに生卵を絡め、だし醤油でいただく。セルフの場合、冷めないうちに卵を絡めよう。

【ぶっかけ】 その名の通り、少量のかけつゆと薬味を“ぶっかけ”て食べる。麺の独特の強いコシを味わうにはこの食べ方がオススメ。

【しょうゆ】「生醤油うどん」とも呼ぶ。麺に直接醤油をかけただけの、シンプルで奥深い食べ方。醤油のかけすぎに注意しよう。

【ひやあつ】 冷たい麺を熱いつゆでいただく食べ方。これとは逆に「あつひや」は、温かい麺を冷たいつゆでいただく。セルフ店で注文するときに用いる。

JR予讃線 本山駅

実食Check

本場かなくま餅 福田

名物の「アン雑煮うどん」をぜひ！

明治時代創業の餅屋が営むうどん店。自家製あん入りの餅をトッピングした「アン雑煮うどん」は、香川ではご当地料理としておなじみの一品。冬季限定で提供される「白みそ仕立て」は、体の芯から温まる。サイドメニューのおはぎ、海老おこわもオススメ。

インスタ映えの
人気メニュー！

餅入りうどんで有名な店。餅は「あんなし」「あん入り」が選べる

住 香川県観音寺市流岡町1436-2
営 10:00 ～ 14:00（うどん以外は6:00 ～）
TEL 0875-25-3421　休 月曜、不定休　徒 本山駅から徒歩20分

JR予讃線 箕浦駅

実食Check

西端手打 上戸うどん

駅からわずか“25歩”の超駅近人気店

メニューは「かけ」「ぶっかけ」の2種のみという硬派なセルフ店。早朝6時から営業しており、朝うどんを求める常連客が多い。逸品のだしは、有名な伊吹島産のイリコ、カツオ、昆布を使用している。シンプルに“かけ＋天ぷら”で攻めるのがいいだろう。

イリコだしが
絶妙

目の前が瀬戸内海という立地で、駅から至近距離にある

住 香川県観音寺市豊浜町箕浦974-1
営 6:00 ～ 14:00（麺なくなり次第終了）　TEL --
休 月曜　徒 箕浦駅から徒歩30秒

JR高徳線 志度駅・ことでん志度線 琴電志度駅

実食Check

牟礼製麺

地元で親しまれる老舗製麺所の味

野菜がたっぷり入った「しっぽくうどん」は、冬の香川で食される定番料理。地元で親しまれている当店でも、3月頃まで提供している。2種類の小麦粉をブレンドして作ったうどんは柔らかく、コシが利いている。中華そばの名店としてもおなじみ。

1963（昭和38）年創業。麺は地元のスーパーにも卸されている

冬場限定の「しっぽくうどん」も好評

住 香川県さぬき市志度503
営 10:30～15:00 TEL 087-894-0039
休 日曜 徒 志度駅・琴電志度駅から徒歩3分

ことでん琴平線・長尾線・志度線 瓦町駅

実食Check

手打十段 うどんバカ一代

ことでん運転士にも常連が多い!?

「茹でて10分以上経ったうどんは出さない!」という、うどん愛に満ちた一軒。早朝から朝うどんを食べて出勤するサラリーマンで賑わう。一番人気は「釜玉」だが、「キムチうどん」や「釜バターうどん」などユニークなメニューも見逃せない。

店名がユニークとあって、芸能人が訪れることも

しなやかなシコシコ麺には「釜玉」が似合う

住 香川県高松市多賀町1-6-7
営 6:00～18:00 TEL 087-862-4705
休 無休（1月1日をのぞく） 徒 瓦町駅から徒歩7分

ことでん琴平線 滝宮駅

実食Check

うどん喫茶 スタート

珈琲とさぬきうどんの奇跡的なコラボ!

県下で唯一、うどん喫茶と名乗っている店で、モーニングにうどんが付いてくることで人気。主人はれっきとしたうどん職人で、うどんも自家製。名物は「焼うどん」だが、珈琲をブレンドした「コーヒーうどん」という異色メニューも人気。

安心してください、中身はめんつゆです!

2種類の珈琲をブレンドした麺はクセになる

住 香川県綾歌郡綾川町滝宮297-141
営 7:30～15:00 TEL 087-876-3038
休 月曜・火曜 徒 滝宮駅から徒歩4分

JR予讃線 宇多津駅

実食Check

讃岐の味 塩がま屋 宇多津店

二大名物のコラボメニューが降臨

やや太麺のコシの強さとあっさりとしただしの組み合わせが抜群。香川県のもう一つの名物、骨付鳥もこの店の名物で、うどんとセットの「骨付鳥定食」は、大満足のメニュー。「塩がま屋」という店名は、オーナーの実家がかつて塩業を営んでいたことにちなむ。

「バラシ」と告げれば、事前に切って提供してくれる

香川名物の骨付鳥とうどん、これはスゴイボリューム

住 香川県綾歌郡宇多津町浜六番丁86-2
営 11:00 ～ 20:30
TEL 050-5304-4356 休 水曜 徒 宇多津駅から徒歩2分

ことでん志度線 八栗駅

実食Check

うどん本陣 山田家 讃岐本店

趣深い庄屋屋敷で贅沢うどんを味わう

店舗は国の登録文化財に指定されている庄屋屋敷をそのまま利用したもので、趣がある。山田家は元酒造家であり、酒造用の井戸水で打つうどんは粘りと弾力があるので、ぜひ「ぶっかけ」系をいただきたい。おみやげうどんも充実している。

普通でもかなりのボリューム

美しい日本庭園もあり、格別な空間でうどんを味わえる。名物の穴子の棒寿司もオススメ

住 香川県高松市牟礼町牟礼3186
営 11:00 ～ 15:00（ラストオーダー 14:30）、17:00 ～ 20:00（ラストオーダー 19:50）／土曜・日曜・祝日 10:00 ～ 20:00（ラストオーダー 19:50） TEL 087-845-6522 休 水曜 徒 八栗駅から徒歩20分

わたしが紹介しました！

鉄道カメラマン

坪《つぼ》内《うち》政《まさ》美《み》

スーツ姿で撮影するという奇妙なこだわりをもつ香川県在住の鉄道カメラマン・ロケコーディネータ。各種鉄道雑誌などで執筆活動する傍ら、地元四国を中心にテレビやラジオにも多数出演し、四国の町おこしイベントも行っている。著書に、『鉄道珍百景』(旅鉄BOOKS)、『駅スタンプの世界』(旅鉄BOOKS PLUS)、『ねこ駅長ばすフォトブック』（エイ出版）など。

そば・うどんだけじゃない！

全国の名物駅ラーメン大集合

近年にわかに注目を集める「駅ラーメン」。その中から、ご当地の味として親しまれている名物メニューを紹介しよう。

選・鈴木弘毅

止別《やむべつ》駅（JR釧網本線）

ラーメンきっさ えきばしゃ

みそ野菜ラーメン

実食Check

1,050円

無人駅で営むラーメン店。塩味の「ツーラーメン」が有名だが、豚骨の香りがほのかに漂う「みそ野菜ラーメン」も旨い。

普代《ふだい》駅（三陸鉄道リアス線）

ピーターズ・カフェ

実食Check

海鮮しおラーメン

550円

普代駅の1階にある福祉作業所を併設した軽食喫茶で、三陸らしい海の幸たっぷりの塩ラーメンを提供。このボリュームで、価格はなんと550円！

西新井駅（東武鉄道伊勢崎線・大師線）

西新井ラーメン

ワンタンメン

実食Check

770円

駅ラーメンとしては珍しい、島式ホームの吹きさらし型店舗。「中華そば」と呼びたくなる昔ながらのあっさり味が大好評。

たびら平戸口《ひらどぐち》駅（松浦鉄道西九州線）

元祖 海鮮ちゃんぽん平戸

海鮮ちゃんぽん

実食Check

800円

長崎では、名物のちゃんぽんがオススメ。駅待合室内のちゃんぽん専門店で、近海でとれたサザエなど海鮮食材をたっぷり使った、香り豊かな一杯に感激！

北野《きたの》駅（京王電鉄京王線・高尾線）

越後そば

八王子ラーメン

実食Check

700円

刻みタマネギをたっぷり使ったご当地ラーメン。近年はラーメンを扱う駅そば店も増えている。

私の
駅そば10

漫画家＆文筆家
やすこーんさん

やすこーん
東京都在住。最寄り駅は西荻窪。鉄道を中心に乗り物の旅が好き。駅弁・駅そば・お酒・温泉（温泉ソムリエマスター）に造詣が深い。代表作は「食べて飲んで　ひとりで楽しむ鉄道旅」（玄光社）、「やすこーんの鉄道イロハ」（天夢人）、「おんな鉄道ひとり旅」全２巻、「メシ鉄!!!」全３巻、小説「のぞみ、出発進行!!」など。
HP ▶ yascorn.com

駅弁好きが惹かれるのは駅弁業者の駅そば店

　駅弁好きを公言してはばからない私だが、もれなく駅そばも好きだ。そもそも駅そば業者は、かつて駅で駅弁を手掛けていたところも多い。そういった意味でも、駅弁と駅そばは切り離せない。

　まず紹介するのは我孫子《あびこ》駅にある「弥生軒」。唐揚げそばは、気軽に人に勧めると恨まれるほどの存在感だ。いつも唐揚げ2つのせを頼むのだが、初めて注文した際、お店の方に「大丈夫？食べられる？」と確認されたほど。その時の私には何の問題もなかったが、最近は無理をして食べている。それでも食べたくなるのは、食べきった時の幸福感も味わいたいからだ。かつて駅弁業者だった時代に、画家の山下清さんが働いていたことでも有名である。

　そして鳥栖《とす》駅の「中央軒」。こちらは今も駅弁業者として数多くの駅弁を販売している。かしわうどんは鶏肉を甘く炊いてほろほろにしたものがうどんの上にのり、食べ進むごとにそれが汁に溶け出す。なんとも優しく深い味。思い出すとまた食べたくてたまらない。

　皮つきのそばの実を石臼挽きして提供するのは、徳島駅の「麺家れもん」。伊吹いりこのだしは全部飲み干すほどうまい。量は少なめだが大盛りも選べる。営業時間が短いので注意が必要だ。立川駅ホームにある店ではおでんそ

やすこーんさんのベスト10

路線名	駅名	店名	メニュー名
JR 常磐線	**我孫子駅**	弥生軒	**唐揚げそば**
JR 鹿児島本線ほか	**鳥栖駅**	中央軒	**かしわうどん**
JR 高徳線ほか	**徳島駅**	麺家れもん	**祖谷仕立てそば**
JR 中央線ほか	**立川駅**	清流そば・奥多摩そば	**おでんそば**
JR 篠ノ井線ほか	**長野駅**	しなの	**かけそば**
JR 高山本線ほか	**富山駅**	立山そば	**白えび天そば**
JR 山陽本線ほか	**姫路駅**	えきそば	**天ぷらえきそば**
JR 木次線ほか	**亀嵩駅**	扇屋そば	**亀嵩駅そば弁当**
JR 鹿児島本線ほか	**小倉駅**	ぷらっとぴっと	**かしわうどん**
JR 根岸線	**桜木町駅**	川村屋	**とり肉そば**

10年前、富山駅で早朝に、列車も
止まる大雪の中、底冷えした体を
温めてくれた一杯の天ぷらそば。
はああ…♥
初めて見た冬の
立山連峰と共に、
あの時の感動は
一生忘れることは
ありません
YAS CORN

ばがおすすめ。その名の通り、おでんが麺の上にのっている。具は3種類で、さつまあげ、がんもどき、卵から選べる。夏でも頼めるのがうれしい。

JR長野駅構内の「しなの」は、今では6・7番ホームのみになってしまった。佇まいとともに、そばどころ長野ならではの麺の旨さに感動する。置かれている七味が八幡屋《やわたや》礒《いそ》五郎《ごろう》であるところにも長野らしさが。

富山駅の「立山そば」は、ますのすしで有名な「源」の駅そば店。すっかり高級となった白えびの天ぷら入りの白えび天そばがおすすめだ。あまりにおいしくて、あちこちで触れ回ったら、源の「白えび天ぷら」という駅弁のパッケージデザインの依頼をいただいたことがある。ご縁に感謝だ。

姫路駅の「えきそば」も、駅弁業者でもある。ラーメンの麺に和風だしというおもしろい組み合わせで、やみつきになるふわふわの天ぷらがのった天ぷらえきそばがスタンダードなメニュー。

亀嵩《かめだけ》駅の「扇屋そば」は、映画『砂

鳥栖駅
中央軒
かしわうどん

我孫子駅
弥生軒
唐揚げそば

徳島駅
麺屋れもん
祖谷仕立てそば

長野駅
しなの
かけそば

立川駅
清流そば
おでんそば

の器』のロケ地としてあまりにも有名。駅そばのほか、出雲そばの亀嵩駅そば弁当を、列車の窓越しに手渡ししてくれる業者でもある。弁当で、山芋と温泉卵が付いた手打ちそばが楽しめる贅沢。こちらも前もっての予約と、お釣りのない料金を用意しよう。

小倉駅の「ぷらっとぴっと」もかしわうどんがとにかくおいしい。つゆまで全部飲んでしまうのは、九州のかしわうどんならでは。

創業120年を超える桜木町の「川村屋」は、「とり肉そば」が名物。一度は閉店の危機を迎えたが、復活を望む声で再オープンした。長く続く味は伊達ではない。

富山駅
立山そば
白えび天そば

姫路駅
えきそば
天ぷらえきそば

小倉駅
ぷらっとぴっと
かしわうどん

亀嵩駅
扇屋そば
亀嵩駅そば弁当

桜木町駅
川村屋
とり肉そば

 写真（すべて）／やすこーん

駅そばコラム

〝脱ＪＲ系・脱鉄道系〟で駅そばは地元密着路線へ

駅そばには鉄道会社のサイドビジネスという側面もあるが、近年は地元事業者へ運営主体が移行するケースが相次いでいる。駅そばを取り巻く環境の変化を見てみよう。

文／鈴木弘毅

「駅そば榑木川」のかき揚げ山菜玉子そば。石臼挽きの二八そばは香りがとても豊かで、駅そばとは思えないほどのクオリティだ（写真／坪内政美）

地域活性化を目的に駅そば店が開業するケースも

ＪＲ松本駅（長野県松本市）の０番ホームに「駅そば榑《くれ》木《き》川《がわ》」がオープンしたのは、２０２１（令和３）年４月のこと。店舗は、以前からＪＲ系列の駅そば店が営業した跡地にあり、居抜きで店が入れ替わる形になった。この店は、松本市内の手打ちそば店「榑木野」の新業態店舗。扱いが難しい冷凍生麺を独自製法で簡易的に調理できるよう改良し、駅そばに求められる「早い・安い・うまい」に則したスタイルで運営している。クオリティの高いそばが手軽に食べられると好評で、その後長野駅や茅野駅など長野県内の主要駅に店舗網を広げている。いずれも、かつてＪＲ系列の駅そば店があった跡地での〝転換オープン〟である。

近年、こうしたＪＲ系列の駅そば店から、ＪＲ系列ではない地元事業者の駅そば店へ転換されるケースが相次いでいる。近年の駅そば事情を考察するうえで、軽視できない大きな流れだ。

ＪＲと青い森鉄道が乗り入れる野辺地駅（青森県野辺地町）待合室内にあ

る「駅そばパクパク」も、その一つだ。JR東北本線が青い森鉄道に転換される以前から、この場所にはJRの系列会社が運営する駅そば店「こけし亭」があった。同店が14（平成26）年に閉店した後、駅前の焼鳥店の店主により駅そばが復活。高校生の利用が多い駅ということもあり、そば・うどんだけでなく手軽なスナックフードも提供し、駅に賑わいをもたらしている。地元事業者の店舗になったことで、より利用者に寄り添ったスタイルになったといえるだろう。ちなみに「こけし亭」は、もともとは駅弁事業者「伯養軒」の駅そば店であり、JR系列化された後も「こけし亭」の看板が最後まで残っていた店舗である。生卵、揚げ玉、きつね揚げをトッピングした伯養軒時代の名物メニュー「三食そば」は、JR系列化後も、そして「駅そばパクパク」になっても受け継がれ、往年の鉄道ファンに喜ばれている。

〝脱JR化〟の傾向が特に顕著なのは、系列会社の統合・再編が進むJR東日本の管内だ。しかし、他のJR各社の駅においても、同様の動きが見られるようになってきている。

JR西日本管内のJR山陽本線小野田駅（山口県山陽小野田市）待合室内には、21（令和3）年10月に立ち食いスタイルの「駅うどん日の出屋」が誕生した。もともとこの場所にあったのは、JR系列の駅そば店「味一」。しかし、19（令和元）年末に閉店し、しばらく空き店舗のままになり、駅舎内から人気がなくなって物悲しい雰囲気になった。これに危機感を覚えた駅前の居酒屋の店主が、「駅に賑わいを取り戻そう」と一念発起してオープンさせたのだ。近年の駅そば事情を考察するうえで重要な出来事だろう。

現在のところ、脱JR系の動きが見られるのは、旅客輸送が落ち込む地方が中心で、東京や大阪などの大都市部にはあまり波及していない。しかしながら私鉄各社では、大都市部でもすでにこの傾向が表れ始めている。

新宿と小田原や江の島を結ぶ小田急線の沿線では、小田急系列の駅そば店「箱根そば」が展開している。これまでは、ほとんど他の事業者が小田急線の各駅構内に入ることはなく、「箱根そば」の寡占状態だったが、20（令和2）年12月、遂にメスが入った。百合ヶ丘駅（神奈川県川崎市）で閉店した「箱根そば」の跡地に入ったのは、なんと小田急系列ではない「元長」だったのである。「元長」は、JR北赤羽駅（東京都北区）で駅そば店の運営実績はあるものの、もともとは上野で営業する立ち食いそば店だ。注文後に茹でる細く繊細な生麺と、カツオだしをビシッと利かせた香り豊かなつゆ。このコンビネーションは立ち食いそば業界内でも「うまい」と評判で、駅ナカへの進出拡大に歓喜した駅そばファンも多いことだろう。

大量輸送・大量消費に即したスタイルから地域に根ざした営業への転換が進む

関西の私鉄では、この傾向がもっと顕著だ。たとえば、阪急電鉄各駅で展開していた駅そば店「阪急そば」は、19（令和元）年、「若菜そば」に一斉転換した。阪急系列ではない事業者による駅そば店となったのだ。22（令和4）年12月には阪急塚口駅（兵庫県尼崎市）の店舗を店内製麺の本格志向駅そば店「蕎麦屋のサンジ」へリニューアルするなど、転換後もさらなる進化を続けている。

「阪急そば」は関西私鉄最古の駅そば店として親しまれ、その転換に寂しさを覚えた人も少なくないかもしれない。しかし、転換後も大きな水滴型の天ぷらや、十三店（大阪府大阪市）の限定メニュー「ポテそば」など、「阪急そば」時代の名物は受け継がれている。進化することで新たなファンを獲得するとともに、従来のファンも大切にする姿勢を維持しているのだ。

駅そばの〝脱JR系・脱鉄道系〟の流れを考察すると、大量輸送・大量消費から地域に密着したきめ細かな営業スタイルへの転換を表しているとも言えるだろう。旧来の駅そばがなくなってしまう不安と、新たな駅そば店が誕生する期待。駅そばファンは、今後もそのはざまで揺れる日々を過ごすことになりそうだ。

駅そば図鑑 索引

編集
宇山好広（イカロス出版）

編集協力
大塚健太郎、嘉屋剛史、古橋龍一（株式会社美和企画）、小関秀彦

ブックデザイン
桜田もも

写真
伊藤岳志、鈴木弘毅、坪内政美、牧野和人

本書は、株式会社天夢人が2021年10月26日に刊行した旅鉄BOOKS 049『旨い駅そば大百科』を再編集したものです。

旅鉄BOOKS PLUS 016

全国駅そば大百科

2025年2月20日　初版第1刷発行

編　者　旅鉄BOOKS編集部
発行人　山手章弘
発　行　イカロス出版株式会社
〒101-0051 東京都千代田区神田神保町1-105
contact@ikaros.jp（内容に関するお問合せ）
sales@ikaros.co.jp（乱丁・落丁・書店・取次様からのお問合せ）
印刷・製本　株式会社シナノパブリッシングプレス

ISBN978-4-8022-1572-5